股权激励与分配机制实战

薪酬绩效＋激励方案＋合伙人裂变＋股权管理

王美江◎著

人民邮电出版社

北京

图书在版编目（CIP）数据

股权激励与分配机制实战 ： 薪酬绩效＋激励方案＋
合伙人裂变＋股权管理 / 王美江著. -- 北京 ： 人民邮
电出版社，2024.1
　　ISBN 978-7-115-62844-2

　　Ⅰ．①股… Ⅱ．①王… Ⅲ．①企业管理－股权激励－
研究②企业管理－股权－分配机制－研究 Ⅳ.
①F272.923

中国国家版本馆CIP数据核字(2023)第193873号

内 容 提 要

　　本书从企业价值与岗位价值评估、分配机制设计的关键点与方法和技巧、薪酬概述及薪酬方案设计、绩效管理及绩效方案设计、股权设计及股权激励模式、股权激励十定法及股权激励方案运用设计、股权激励实施流程及股权管理、合伙人模式及合伙十规则、合伙人分类及合伙人方案设计等方面详细讲述了股权激励和分配机制的相关内容。

　　本书案例丰富、图文并茂，适合企业管理者、股权方案设计人员等学习和使用。

◆ 著　　　　王美江
　　责任编辑　李士振
　　责任印制　周昇亮

◆ 人民邮电出版社出版发行　　北京市丰台区成寿寺路 11 号
　　邮编　100164　电子邮件　315@ptpress.com.cn
　　网址　https://www.ptpress.com.cn
　　天津翔远印刷有限公司印刷

◆ 开本：720×960　1/16
　　印张：16.5　　　　　　　2024 年 1 月第 1 版
　　字数：286 千字　　　　　2024 年 1 月天津第 1 次印刷

定价：89.80 元
读者服务热线：(010)81055296　印装质量热线：(010)81055316
反盗版热线：(010)81055315
广告经营许可证：京东市监广登字 20170147 号

前言

随着国家经济建设的加速与升级，以大规模标准化生产为主的传统企业，已开始大规模转型升级为以高新技术为主导的新型企业。在此前提下，企业传统的流程化激励与管理方式，已无法满足当今市场个性化、多样化发展的需求。企业传统的运营方式，让员工无法发挥自身潜力，同时也给企业发展带来阻力，导致企业停滞不前。

以大部分企业曾经或现有的管理方式和治理结构为例，其内部权力大多集中于少数管理者手中，而下级员工往往只能"听令而行，闻令而动"，这对员工发挥创造力造成很大阻碍。员工不能充分发挥其潜能，企业发展乏力，归根结底还是企业分配机制和股权架构出了问题。

如果不能让员工极大地实现自我价值、岗位价值，员工要么得过且过，要么跳槽。如果不在绩效、薪酬层面满足员工，员工就没有激情去激发潜能。如果在股权方面不能让员工看到希望，那么员工即使成为管理者也会缺乏长期主义心态。

人才价值的充分发挥，是企业赖以生存、得以发展的核心。

当前，企业需要重视和思考的内容，便是应当如何促使员工实现自我激励。在新型企业时代，股权激励作为一种能够对员工进行长期激励的方法，以及推动我国高新技术企业发展的关键，理应被企业所广泛接受和应用。

本书编者长期专注于股权激励、分配机制等方面的研究和实践，在大量的课程与咨询案例中，编者总结出了一套实用的方法论与落地技巧，能帮助企业改善管理方式和提升经济效益。本书不但在分析案例过程中给出了具体的方法，还在宏观层面提出了方案设计的思路和策略，读者可以直接使用。

本书共9章。第1章从企业价值和岗位价值评估出发，不仅明确讲述了岗位价值评估的方法，还阐明了企业价值分配的本质。第2章详细讲述了分配机制设计的关键点和方法与技巧，包括价值分配三原则，分配机制的人性考量、分层设计、体系设计，分配机制与激励方案等。第 3 章和第 4 章从薪酬和绩效的基本概念出发，结合薪酬设计体系和方案设计、绩效指标开发设计和方案落地等方面的内容，对与薪酬和绩效相关的内容进行了详细的阐述。第 5 章、第 6 章和第 7 章系统地讲解了股权设计、激励及管理等方面的知识，包括股权架构设计模式、股权激励模式、股权激励实施流程、股权管理关键点等。第 8 章和第 9 章针对当下较为流行的合伙人模式进行详细讲解，包括合伙人概念、模式，合伙规则，合伙人分类和方案设计等，这些内容也是编者在讲课和咨询过程中常用的策略和方法。

编者

2023 年 12 月

目录

第 3 章　薪酬概述及薪酬方案设计

第 4 章 绩效管理及绩效方案设计

第 5 章　股权设计及股权激励模式

第 6 章 股权激励十定法及股权激励方案运用设计

第 7 章 股权激励实施流程及股权管理

第 8 章 合伙人模式及合伙十规则

第 9 章　合伙人分类及合伙人方案设计

第 1 章
企业价值与岗位价值评估

　　知己知彼，百战不殆。商场如战场，管理者只有对企业的具体价值十分了解，才能做出正确的决策。管理者只有进行企业价值评估，才能量化企业价值，提高管理效率。

　　岗位作为企业运营的基础要素，对其进行价值评估不仅可以为薪酬设计提供依据，还有利于激发员工积极性，建立奋发向上的企业文化。

1.1　企业价值

企业价值分配合理，有利于激发员工积极性，保证企业高效运转，创造更多的财富。

企业是创造财富的重要载体。其价值创造的正向循环是员工为企业创造价值，再由客户对企业价值加以回馈。因此，企业价值良好循环的核心是良好的分配机制。

1.1.1　什么是企业价值

价值属于尺度标准，主要衡量人们为实现精神共识而耗费的物质资源。企业价值既不等同于商业价值，也不等同于上市公司的市值或非上市公司的估值。人们常说的商业价值是企业的基本属性，即企业价值中的物质资源部分，而企业价值的精神共识部分，则体现为客户、资本、劳动者三方对共赢的追求。

客户是企业发展的基础，客户满意是企业存在的理由。同样，资本投资企业，是为了实现未来的收益，资本满意有利于企业持续发展。劳动者是企业的核心竞争力，让他们感到满意，可以提高企业整体的运营效率。

企业的管理者只有了解如何评估企业价值，以及如何创造企业价值，才能更好地帮助客户、资本、劳动者实现多赢。

1.　如何评估企业价值

一个企业的价值大小，可以从以下 3 个维度进行评估。

图 1.1-1 所示为企业价值的 3 个维度。

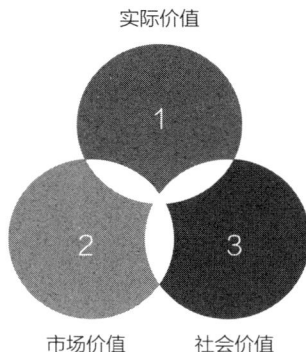

图 1.1-1　企业价值的 3 个维度

（1）实际价值。实际价值即商业价值，指的是企业通过主营业务获得的盈利，管理者可以依据企业创造的收益来判断企业实际价值的大小。

（2）市场价值。市场价值指的是资本市场对企业未来现金流的估算，例如上市公司的市值、非上市公司的估值。市场价值不仅包括有形资产的价值，还包括无形资产的价值，例如专利、品牌声誉等。

（3）社会价值。积极承担社会责任是每一个企业的义务。社会价值是站在社会的角度，来评估一个企业能为社会解决多大的问题、做出怎样的贡献。

2.　如何创造企业价值

企业为了创造价值而努力，而创造价值离不开以下 4 个关键要素。

（1）价值来源。企业价值的来源是客户需求。如果一个企业不能为客户解决问题，不能为客户创造价值，那么这个企业就没有价值，更谈不上生存和发展。

（2）基本要素。员工、设备、专利、知识、资本等基本要素是企业创造价值的基础。

（3）文化支撑。企业文化、价值观、经营理念等文化支撑要素，是企业发展的不竭动力。建立文化支撑的目的，在于促进员工与企业融合，形成利益共同体，实现企业的可持续发展。

（4）发展方向。管理者应根据企业所处阶段确立不同发展方向。例如企业在发展初期会面临现金流压力，管理者应主抓产品开发和市场建设；一旦企业经营趋于稳定，管理者就需加强组织建设，充分激发员工潜能，提高企业运作效率。

1.1.2　企业创造价值的 5 个定位

企业创造价值，需要依托核心资产的运营，其实质是将未来现金净流量变为现值。在企业的整个生命周期里，应始终贯彻企业价值最大化的原则。

当下，许多企业都是在相对稳定的经营环境中构建起来的，在面对瞬息万变的市场时，如果没有找准创造价值的定位，将会寸步难行。当然，很多企业经过不断探索，找到了合适的发展路径，迸发出无限生机，在瞬息万变的市场中找准创造价值的定位，实现了成功。

企业价值属于动态概念，不同的企业对价值变化的反应不同，敏感程度也不同。那些即使在激烈的竞争环境中，也能不断创造价值的企业，都离不开以下 5 个定位。

图 1.1-2 所示为企业创造价值的 5 个定位。

图 1.1-2　企业创造价值的 5 个定位

1. 战略定位

战略定位是 5 个定位里的决定性因素，解决"卖给谁"的问题，包括市场定位、客户定位等。企业发展过程中，对产品、渠道、模式、资本的决策都必须围绕企业的战略思想。战略定位决定了企业的发展方向与路径，也决定了企业该做什么、不该做什么。

战略定位的主要内容是趋势分析和赛道选择，这需要管理者对市场、行业、产品等有全面、独特的理解，以便让企业保持持续的竞争优势，并获取超额利润。

2. 产品定位

产品定位解决企业"卖什么"的问题。由于产品体现企业的价值观发展水平，因此市场竞争最终都体现为产品竞争，实现企业价值的核心是产品。找准产品定位，意味着企业要在竞争激烈且产品高度同质化的市场中，根据目标市场或目标客户群体的需求，打造差异化的产品，从而获取最大的战略优势。

3. 渠道定位

渠道定位的目的是让客户能以合适的价格买到所需的产品，即解决"怎么卖"的问题，使企业建立持续的竞争优势。

企业在设计产品时，要充分考虑产品的销售渠道，例如线上还是线下、加盟还是连锁等。

4. 模式定位

这里所称的模式，主要偏向于运营模式而不是商业模式，模式定位的目的是实现资源的优化配置。企业创造价值的方式多种多样，根据战略定位的不同，企业可选择轻资产运作、标准化运营或重裂变重营销的模式等。

5. 资本定位

企业通过有效的资本化运作不仅能在短期内筹集大量资金，缓解资金压力，还能提高知名度，占领更大的市场份额，提高企业核心竞争力。因此，资本定位是企业在发展过程中，对其资本架构进行规划，为资本运作提供良好的基础。

1.1.3　企业价值分配的本质

企业在创造价值的过程中获得收益，价值的分配是企业持续发展的核心驱动力。企业中的每一个个体，不管是股东、管理者还是普通员工，形成了以收益为中心而串联的系统。这个系统内任何分配环节出现问题，都会对企业造成严重影响。因此，价值分配至关重要。

广义的价值分配，包括薪酬、晋升机会、资源、权力的划分，狭义的价值分配，分的是"财"，但两者的本质都是合理运用企业价值，确保组织高效运转。但许多企业在进行价值分配的时候，忽视了人性因素，要么少分，要么乱分，导致员工积极性低、态度消极，长此以往，企业必定会走下坡路。

为准确把握企业价值分配的本质，充分激发员工的潜力和执行力，企业要严格遵循以下 5 个原则。

1. 尊重价值

企业价值分配的本质，是对价值创造过程所带来的收益加以合理运用，为此，企业应充分尊重每个人、每个岗位的价值，以其具体贡献为依据，将员工、岗位的价值量化，确保员工得到应有的收益或回报。

2. 力求公正

价值分配的基础原则在于公正透明。没有严格的分配标准与执行方式，企业的价值分配就难以落到实处。分配机制的设计，要尽量从客观角度出发，杜绝主观因素和私利影响。

3. 组合驱动

企业进行价值分配时要善于利用组合方式，驱动员工内在的行动意愿。所谓组合，不仅包括薪酬分配组合，如基本工资、奖金、分红等分配形式的组合，还包括晋升机会、股权等激励方式的组合。

4. 简单清晰

价值分配的对象是全体员工，人性都是趋易避难的，在越是简单的分配机制下，员工就越能清楚自己的目标。

5. 动态渐进

企业为求发展，必须不断适应社会、市场的变化。在不同发展阶段内，企业的价值规划不同，对各岗位的需求也不同。因此，企业的分配机制需要有一定的包容性、灵活性，融入动态理念，做到与时俱进。

1.2　岗位价值评估

企业发展，就是不断优化配置、不断提高资源利用效率的过程。岗位作为企业运营的核心要素，其运行效率在很大程度上影响企业整体状态，同时，企业价值也会影响岗位价值的评估。因此，同样的岗位，优秀企业往往能给予其更高的薪酬，体现出岗位价值不同所导致的差异。

企业想要持续稳定发展，必须明确自身资源价值，岗位价值评估就是其中的关键环节。

1.2.1　什么是岗位与岗位价值评估

企业在经营管理过程中，需要制定各种目标、采取各种措施，实现利益最大化。其中，做好岗位管理并对其进行科学、合理的价值评估，是不可或缺的任务。

1. 岗位的含义

岗位，是指企业根据经营管理的实际需求和发展目标，而设置的任务相对具体的单元，设置这些单元的目的是完成某些工作。因事设岗，是对岗位含义的完美诠释。

岗位和职位的名称相似，内容上也有交叉，部分企业会将职位和岗位的含义和内容混淆，既不利于员工准确、高效地完成工作，也不利于招聘、人力资源规划、岗位价值评估等工作的顺利进行。

企业应明确职位和岗位的区别。

职位是组织或团体中执行一定任务的角色，先有职位，再设置人员，即因事设人。而岗位则倾向于描述对应的工作，职位和岗位最明显的区别即在于此。

除此之外，职位泛指阶层或类别，同一职位可以有多人。岗位则有具体的工作职责，通常是一个人负责一个岗位。例如，在企业里"经理"属于职位，而"××项目经理""××部门经理"则属于岗位。

合理设置岗位，是企业日常工作有序开展的基本保证，因此，企业管理者需要掌握岗位的具体内容。

（1）岗位名称，用以明确该岗位从事的工作，比如招聘专员主要的工作是员工招聘。

（2）岗位的工作职责，包括需要完成的工作和应当承担的责任等。

（3）岗位条件，包括工作环境、社会环境、薪资福利、工作时间、晋升体系等。

2. 岗位价值评估概述

企业管理者希望在保障内部稳定、和谐、公平的基础上，提高创新能力、增强员工凝聚力、提升企业管理效率和核心竞争力。为此，进行科学、合理、公平的岗位价值评估是十分重要的。

（1）岗位价值评估的含义。岗位价值评估，又被称为岗位评估或工作评价，是指企业运用一定方法，在对岗位工作难度、工作强度、工作成果和职责大小等内容进行综合分析的基础上，对岗位价值进行评定的过程。

（2）岗位价值评估的方法。随着"大众创业、万众创新"口号的提出，各类企业如雨后春笋般出现，经过评估实践，形成了两种岗位价值评估方法，即分析法和非分析法。

一般而言，分析法包括评分法、要素分析法和因素评估法等，非分析法则包括分类法和排列法。这些方法难易程度不同，应用情境不同，需要企业根据自身实际情况进行选择。

1.2.2　岗位价值评估的 8 个原则

岗位价值评估，能量化不同岗位的重要性，便于企业做出运营规划和优化资源配置。例如，项目启动前，企业管理者可以根据岗位价值评估的结果，判断一个岗位是否重要，从而为人员安排和资源配置提供理论依据。重要的岗位，需要配备能力强的员工，并给其必要的资源。因此，岗位价值评估对企业的人才选拔、薪酬分配、权责划分都起着重要的作用。

为了更好地衡量岗位对企业的价值，企业在进行岗位价值评估时，需要遵循以下 8 个原则。

（1）对事原则。岗位价值评估的重点是以特定岗位为对象，而不是以当前岗位的工作人员为对象。

（2）一致性原则。岗位价值往往与薪酬分配和权责划分直接挂钩，对所有岗位采取一致标准进行评估，能有效保障评估工作的公平公正。

岗位价值的评估因素，主要包括工作责任、知识技能要求、岗位性质、工作环境等。在进行岗位价值评估时，相同岗位的价值评估因素的分值和权重应是一致的，这样得出的评估结果才具有参考性。

（3）无重叠原则。为避免重复计分而影响最终评估结果。每一项岗位价值评估因素及对应的子因素应相互独立，并且有明确的评估范围。

（4）针对性原则。岗位价值评估因素的选取、定义及权重，需充分考虑行业特性与企业战略规划，使选取的评估因素与企业现状紧密结合。

（5）共识原则。评估小组内部与企业内部对各因素的理解都需达成共识。一方面，评估小组内部达成共识能避免因理解误差而导致打分偏差的情况；另一方面，企业内部达成共识能确保评估工作的公平公正，利于评估工作的进行。

（6）独立原则。负责评估工作的小组成员必须保持客观独立，禁止出现成员之间商讨打分的情况。

（7）反馈原则。小组评估工作完成后，分析人员在进行分数的统计分析时，如果发现某一岗位的分数严重偏离平均差或标准差，需及时将离散度的数值反馈给评估小组成员，并组织小组成员进行研讨，统一思路。

（8）保密原则。岗位价值评估涉及薪酬分配，自评估工作开始至评估结果出来这一时间段，所有的数据以及信息必须处于保密状态。

1.2.3　岗位价值评估的背景与逻辑

岗位价值评估体系的作用，主要是站在组织层面或岗位设计者的角度，用固定标准去衡量组织当中所有岗位价值的大小。作为薪酬设计基石，岗位价值评估能解决岗位价值不平衡、岗位价值与薪酬不匹配、上下级岗位价值差距过大等一系列问题。

岗位价值评估的逻辑，在于通过运用专业的评估方法，评估企业内不同岗位的相对价值或工作绩效，以此确定岗位的薪酬水平。需要注意的是，岗位价值评估对岗不对人，即它衡量的是岗位的价值，而不是该岗位员工的价值。

根据这个逻辑，企业进行岗位价值评估有 5 个作用，如图 1.2-1 所示。

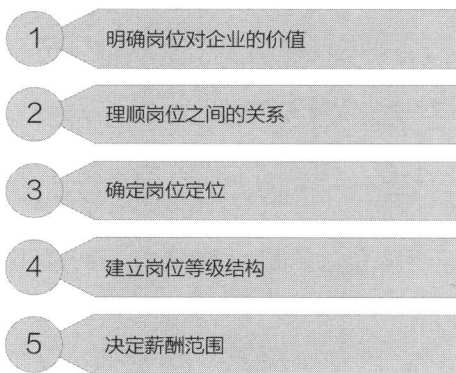

1　明确岗位对企业的价值

2　理顺岗位之间的关系

3　确定岗位定位

4　建立岗位等级结构

5　决定薪酬范围

图 1.2-1　岗位价值评估的作用

1. 明确岗位对企业的价值

企业运营以创造价值为目的，为实现更好的收益，企业必须不断增加营收，尽量减少成本。通过岗位价值评估明确岗位对企业的价值，有利于企业科学合理地安排运营，尽可能实现资源最优配置。

2. 理顺岗位之间的关系

岗位价值评估涉及岗位与岗位之间的相对关系，而不是绝对关系。明确岗位价值后，企业能有效理顺关系、激励员工，提高员工工作积极性。

3. 确定岗位定位

岗位整体定位准确，企业的运行效率才高。通过岗位价值评估确定岗位定位，员工不仅能清楚自身工作内容，也能清晰地看到职业发展和晋升机会。

4. 建立岗位等级结构

企业进行岗位价值评估，意味着根据岗位工作职责、工作内容、任职资格的不同，将其分成不同级别。科学的岗位等级结构，有利于企业选拔人才，能最大限度避免随意用人的情况，能为员工提供明确的成长及发展通道，解决企业招人难的问题。

5. 决定薪酬范围

合理的薪酬制度（也称薪酬制度），能给予员工应有的物质回报，还能起到精神激励作用，以提高企业核心竞争力。对企业来说，薪酬分配需要有科学的标准和范围，而岗位价值评估的结果，能为薪酬分配的科学性提供强有力的支撑。

1.2.4　岗位价值评估的要求

岗位价值评估是企业进行价值排序和薪酬分配的基础，脱离岗位价值评估，就难以保证分配机制的科学运作。岗位价值评估不仅能量化岗位的重要性，还能起到激励员工的作用，因此企业需要充分发挥岗位价值评估的作用。

在进行岗位价值评估时，要达到以下几点要求。

1. 岗位等级划分

某企业将岗位等级由高到低依次划分为高层、部长级、副部长级、主管级、工程师级、专员级、员工级。其中总经理属于高层，软件开发项目经理属于主管级，会计属于专员级，每个岗位对应的等级都非常清晰。

企业进行岗位价值评估时，应严格按照岗位价值排序打分。为保证岗位价值评估的准确性，评估小组成员需建立界限分明的等级标准，确保每个岗位的价值排序清晰准确。

2. 晋升通道设计

评估小组成员在完成岗位等级划分时，也完成了员工晋升通道的设计基础，企业只需在已有基础上，设立晋升资格和条件即可。

在上述案例中，当该企业会计晋升为财务部经理，其等级也从专员级上升为部长级。

3. 薪酬分配依据

岗位价值评估的关键作用在于为企业薪酬分配提供依据。评估岗位价值后，岗位才能依据重要程度排序，不同岗位的薪酬才能合理地拉开差距。

企业可以根据岗位价值排序，给予员工相应的薪酬。岗位价值越高，员工的薪酬自然也就越高。

4. 绩效分红依据

岗位是基于员工实际贡献排序的，员工贡献越大，岗位价值就越高，岗位排序自然就靠前，企业根据岗位排序机制发放浮动奖金，对于员工来说是认可和激励。一个在公认的重要岗位上工作的员工，其奖金、分红和其他收益，通常应高于一般员工。在这种绩效分红的激励下，其工作主动性和责任意识也会更强。

1.2.5 岗位价值评估常见的 4 种方法

根据操作难度、量化标准、评估对象、比较方法等因素的不同，岗位价值评估常见的方法有以下 4 种。

表 1.2-1 所示为 4 种岗位价值评估方法的比较。

表 1.2-1　4 种岗位价值评估方法的比较

方法	是否量化	评估对象	比较的方法	优点	缺点
岗位排序法	否	对岗位整体进行评估	岗位间比较	简单、易操作	主观性强，难以确定岗位相对价值
岗位分类法	否		岗位与级别标准比较	灵活性高、可用于大型组织	对岗位等级的划分存在难度
因素比较法	是	对岗位要素进行评估	岗位间比较	可以较准确地评估岗位相对价值	因素选择较为困难
要素计点法	是		岗位与级别标准比较	适用于多类型岗位	工作量大，费时费力

1. 岗位排序法

岗位排序法是根据岗位工作的复杂程度、贡献大小等标准进行评估，再比较各岗位的相对价值，从而得出岗位价值排列次序的评估方法。

岗位排序法主要分为以下两种。

（1）直接排序法。直接排序法即根据岗位价值直接进行排序。

（2）交替排序法。交替排序法是指在排序时，先排出第一和倒数第一的岗位，然后排出第二和倒数第二的岗位，以此类推完成全部排序。

岗位排序法简单、易操作，但主观性强，有时难以确定岗位相对价值，缺点也很明显。

2. 岗位分类法

所谓岗位分类法，就是通过建立岗位等级和标准，将各岗位与标准进行对比的评估方法。

岗位分类法的关键，在于如何建立一套界限分明的等级体系，由于该方法中等级划分和界定较难量化，所以岗位分类法通常具有一定主观性。不过，岗位分类法简单易行且灵活性高，常用于一些大型组织。

3. 因素比较法

因素比较法是在岗位排序法基础上加以改进而形成的评估方法。相比于岗位排序法，采用因素比较法排序时需要考虑的因素更多，且加入了可量化的因素，因此能更科学地确定岗位的相对价值。

因素比较法优点明显，它可以根据各个量化因素的综合测评结果，得出具体的薪酬金额，为岗位定薪提供数据支撑。

作为量化的岗位评价方法，企业在使用因素比较法时需注意以下两个问题。

（1）因素比较法关注岗位之间的价值比较，常常忽略外在条件的变化。在使用因素比较法时，企业需要根据市场水平及时调整基准工资水平，确保员工薪酬具有一定竞争力。

（2）因素比较法的结果直接影响岗位薪酬，故在选取参考因素时，必须选择具有代表性、可量化的岗位因素，以方便岗位之间的有效比较。

4. 要素计点法

要素计点法是从所有影响薪酬的要素中，选出若干个具有代表性和差异性的要素，对这些关键要素进行不同等级的划分，赋予不同等级一定的分值，这些分值称为"点数"。随后，对关键的薪酬要素进行计分，获取每个岗位的总点数，以此确定各岗位的薪酬水平。

要素计点法与岗位分类法一样，都将岗位与特定的级别标准进行对比，但要素计点法对标准进行了量化，可以确定岗位的相对价值。因此，要素计点法常被用于岗位类型比较多的企业。

1.3 岗位价值评估关键点与实战演练

同样是公司部门经理，为什么 A 岗位经理的定薪就比 B 岗位的高？在制造企业里，是应该给予技术部门人员高薪还是应该给予销售部门人员高薪？在资金有限的前提下，是优先给管理岗位加工资还是优先给基层岗位加工资？

这些问题都是岗位价值评估所直面的和应解决的问题，选择科学的评估模型和有效的评估工具，能够有效提升评估的质效。

1.3.1 岗位价值评估的流程

岗位价值评估是合理薪酬体系设计的重要依据，事关员工切身利益。企业应对岗位价值评估全过程进行公开，并让员工积极参与，从而提高岗位价值评估的公信力，发挥岗位价值评估在薪酬体系设计中的核心作用。

一般来说，岗位价值评估包括从准备到公示的六大步骤。

（1）选定评估方法。岗位价值评估，是希望通过严格、科学的程序对企业不同岗位的相对价值进行评估，从而为企业薪酬体系等制度设计提供依据。所以，选择适合企业实际情况的评估方法就显得尤为重要。目前，使用比较广泛的有海氏岗位评估法与美世国际职位评估法。

（2）开展准备工作。这是岗位价值评估的关键一步。首先，企业应更新、梳理和汇总岗位说明书。岗位价值评估并非评估岗位上的人，而是对"岗位"本身进行评估，因此岗位说明书很重要，应包含岗位职责、岗位权限、任职资格等内容。

其次，企业应选择标杆岗位。将一部分标志性岗位选出，作为标杆，对其进行评估，再将其得分作为剩余岗位评估的重要参考标准。

（3）成立评估委员会（或评估小组）。按一定权重，选取评估委员会的成员（即评委）。为公平、科学起见，评委不得评估同级别岗位，必要时也可通过培训，使评委对评估内容和方法形成一致意见。

（4）开展标杆岗位评估。首先由标杆岗位的负责人对岗位任职资格和工作职责等进行说明，方便评委快速了解要评估的岗位。此后，评委按选定的评估方法对标杆岗位进行匿名评估，在汇总分数之后，对评估得分进行修正，直到所有评委对得分达成一致意见并制定出标准。

（5）开展剩余岗位评估。评委参照评估标杆岗位之后制定的标准，适当把握和调整打分尺度，对剩余岗位按部门的顺序进行评估。在评估结束后，对所有得分进行汇总，采用去除极值等方法保障评估结果的合理性。

对评估数据逐个进行核查确认，一旦发现数据存在异常现象，应立即通知评估委员会成员进行再次确认。确有必要的情况下，可以组织评估委员会对个别岗位重新进行评估。

（6）结果公示。企业不应忽略结果公示的重要性，结果公示能使员工了解岗位的相对价值和晋升渠道，激发其工作热情，有助于建立和谐的劳资关系。

图 1.3-1 所示为岗位价值评估的流程。

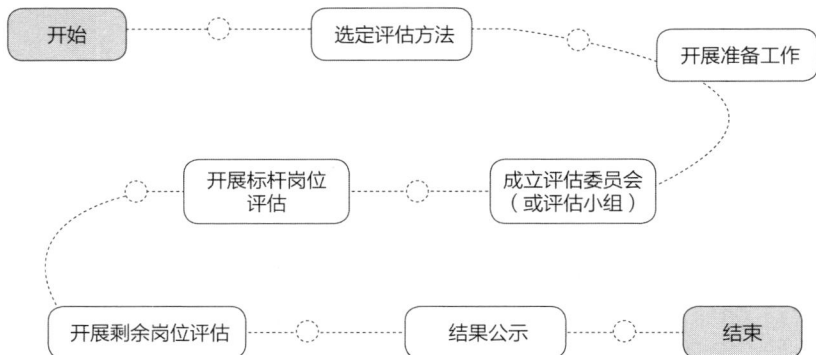

图 1.3-1　岗位价值评估的流程

岗位价值评估的六大步骤环环相扣，缺一不可，共同组成岗位价值评估的工作内容。

1.3.2　岗位价值评估委员会

进行岗位价值评估时，企业应从各个部门抽调管理人员，成立评估委员会（或评估小组）。

评估委员会进行岗位价值评估的依据是岗位说明书，由于评估委员会成员来自不同部门和岗位，评估过程中常常会出现结果偏差较大的问题。针对这些问题，企业需提前设计解决策略，否则评估工作的结果会偏离实际情况。

1.　评估委员会评估过程中的常见问题

评估委员会评估过程中的问题来源，主要是其成员的主观思维，具体表现为以下几个方面。

（1）评估委员会主管对各岗位的偏好差异。评估委员会主管的打分所占比重相对较高，如果评估委员会主管对某个部门、岗位存在偏好，则很容易导致该岗位评估价值高于实际的情况。

（2）工作内容不明确导致评分基础可靠性差。评估委员会成员一般来自不同部门，可能对其他部门的工作内容了解较少，容易出现误打分的情况。

（3）评估委员会成员不了解评估方法，导致打分标准不统一。这主要是因为评估委员会成立后没有对其成员进行统一的培训，对于同样的评估因素，每个人可能会有不同的理解。

（4）评估委员会人员变动。评估工作是一项系统性工作，如果因特殊原因评估委员会成员变动，则容易出现各项评估因素得分差异较大的情况，导致评估结果失去参考性。

2. 解决策略

解决评估委员会评估过程中的常见问题的关键，在于降低成员主观性，确保他们熟悉了解每一个岗位的工作内容。

具体的解决策略如下。

（1）合理选取评估委员会成员。评估结果的准确性，很大程度上取决于评估人员是否客观。因此，在评估委员会成员的选择上，企业应选取对公司部门、岗位情况有充分了解，且具有一定影响力的人员。此外，评估委员会的成员构成也应覆盖企业不同层面。

例如，某企业在进行岗位价值评估时，成员包括总经理 1 人、副总经理 1 人、各部门总监各 1 人、中层管理者 3 人、员工代表 2 人。这样的评估委员会成员构成基本覆盖了企业的不同层面，具有一定的代表性。

（2）做好评估方法培训。评估方法能直接决定评估意见，通过培训，确保每位成员充分掌握正确的评估方法，可以有效减小结果的误差。

（3）增加高层打分权重。企业高层往往是最了解企业运作全貌的人，其看待和分析岗位的角度往往更符合企业发展需求，给予高层如总经理、副总经理较高的打分权重，能提高评估结果的全局性。

（4）保证评估委员会成员充分理解岗位说明书。评估委员会成员评估岗位的依据是岗位说明书，每一个成员应充分理解岗位说明书的内容，从而有效避免打分结果偏差。

1.3.3　岗位价值评估模型

现实工作中，要准确衡量岗位之间的相对价值并非易事，通过构建岗位价值评估模型，企业可以更精准地量化各岗位的相对价值，从而科学分析各岗位的重要程度。

常用的岗位价值评估模型，将岗位价值系统要素分为7类，并在此基础上细分为17项子要素，最后再赋予这些子要素不同权重和分值。评估委员会只需根据这些子要素进行打分，再按分数进行分级，即可得出评估结果。

岗位价值评估模型如表1.3-1所示。

表1.3-1　岗位价值评估模型

序号	岗位价值系统要素	权重A	分值A	系统要素的子要素	权重B	分值B
1	对企业的影响	40%	400	1. 基本影响	60%	240
				2. 成长促进	40%	160
2	解决问题	21%	210	1. 复杂性	50%	105
				2. 创造性	50%	105
3	责任范围	10%	100	1. 工作内容的广度	40%	40
				2. 工作独立性	40%	40
				3. 知识的广度	20%	20
4	监督	9%	90	1. 层次	40%	36
				2. 人数	30%	27
				3. 下属素质	30%	27
5	知识经验	9%	90	1. 知识	40%	36
				2. 经验	60%	54
6	沟通	6%	60	1. 沟通频率	30%	18
				2. 沟通技巧	40%	24
				3. 内外因素	30%	18
7	环境风险	5%	50	1. 环境条件	50%	25
				2. 工作风险	50%	25
	合计	100%	1000	—	100%	1000

（1）对企业的影响。这是整个模型里占比最大的要素，占40%。其子要素为

基本影响和成长促进。其中，基本影响主要评估岗位对企业收入、成本、产品质量的影响，成长促进则用于衡量员工的贡献程度。

（2）解决问题。解决问题要素占 21%，主要评估岗位的复杂性与创造性。设置该要素的目的在于衡量岗位的工作难度以及员工的工作创新程度。

（3）责任范围。责任范围要素占 10%，其子要素为工作独立性、工作内容的广度和知识的广度。

其中，工作独立性是指员工工作时的独立程度，例如工人需要全程参与本岗位工作，质检只需间歇性控制，而总监是以效果控制的。

工作内容的广度，主要衡量工作内容的复杂程度。例如工人可能只需进行重复的体力劳动，而总监则需要领导整个业务领域的工作。

知识的广度，主要衡量岗位工作中使用到的知识数量。

（4）监督。监督要素占 9%，一般用来衡量管理层的岗位价值。监督要素的子要素为人数、层次和下属素质。一般来说，下属素质越高，管理的人数越多，其层次也越高。

（5）知识经验。知识经验要素占 9%，其中经验占 60%，知识占 40%。具备相关知识是从事某一岗位的门槛，所以知识水平越高，评分越高。但对于很多企业来说，一般会更看重岗位工作的工作经验，所以经验的占比相对较高。

（6）沟通。沟通要素占 6%，包括的子要素为沟通频率、沟通技巧和内外因素。沟通要素衡量的是员工的沟通水平。在企业中，沟通水平高的员工往往能更好地达成目标。

（7）环境风险。环境风险要素占 5%，衡量的是员工工作环境的条件与风险，目的是给予具有不同程度危险性的岗位相应的补贴或工资。

1.3.4　岗位价值评估实战演练

深圳某食用油制造公司 A（以下简称"A 公司"），除销售部以外，一直以来使用的都是"底薪 + 年终奖"的薪酬结构。A 公司近两年不断发展壮大，公司员工人数达到了 180 人，但由于薪酬结构缺乏激励性，大部分员工认为做多做少都拿一样的工资，因此工作积极性普遍不高。负责人王总意识到这个问题，于是组织高层商讨，一致决定对公司的薪酬结构进行调整，并尽快进行岗位价值评估，以评估结果来定级定薪。

A公司内部有行政部、财务部、销售部、技术部、生产部等多个部门，由于人员众多，A公司决定使用7类要素17项子要素的评估模型进行评估。

以销售部华南地区销售总监李先生为例，对其岗位价值进行评估。表1.3-2所示为李先生的岗位价值评估表。

表1.3-2 李先生的岗位价值评估表

序号	岗位价值系统要素	权重A	分值A	系统要素的子要素	权重B	分值B	李先生得分
1	对企业的影响	40%	400	1. 基本影响	60%	240	220
				2. 成长促进	40%	160	120
2	解决问题	21%	210	1. 复杂性	50%	105	84
				2. 创造性	50%	105	63
3	责任范围	10%	100	1. 工作内容的广度	40%	40	28
				2. 工作独立性	40%	40	28
				3. 知识的广度	20%	20	16
4	监督	9%	90	1. 层次	40%	36	26
				2. 人数	30%	27	16
				3. 下属素质	30%	27	13
5	知识经验	9%	90	1. 知识	40%	36	20
				2. 经验	60%	54	54
6	沟通	6%	60	1. 沟通频率	30%	18	18
				2. 沟通技巧	40%	24	18
				3. 内外因素	30%	18	18
7	环境风险	5%	50	1. 环境条件	50%	25	16
				2. 工作风险	50%	25	8
合计		100%	1000	—	100%	1000	766

李先生负责的市场业绩，直接关系到公司在华南地区项目的收入，整个地区每年贡献的业绩占公司整体销售业绩的30%，公司也逐年加大在华南地区的投

入。此外，根据公司规定，李先生还需对销往华南地区的产品质量问题负责。

因此，根据岗位价值评估模型，李先生在"对企业的影响"这个要素上，其基本影响得分为 220 分，成长促进得分为 120 分，合计 340 分。

在"解决问题"要素上，李先生应随时根据市场行情对销售计划进行调整，由于客户关系良好，整体业绩趋于稳定，因此其复杂性得分为 84 分，创造性得分为 63 分，合计 147 分。

在"责任范围"要素上，李先生对销售效果负责，只负责开拓市场和管理销售人员的工作，因此其工作独立性得分为 28 分，工作内容的广度得分为 28 分，知识的广度得分为 16 分，合计 72 分。

在"监督"要素上，李先生管理 25 名销售人员，因此其层级得分为 26 分，人数得分为 16 分，下属素质得分为 13 分，合计 55 分。

在"知识经验"要素上，李先生拥有本科学历，有四年以上工作经验且一直从事食用油行业，因此其知识得分为 20 分，经验得分为 54 分，合计 74 分。

在"沟通"要素上，李先生需要频繁与下属和客户进行沟通，需要较强的沟通能力，因此其沟通频率得分、沟通技巧得分、内外因素得分皆为 18 分，合计 54 分。

在"环境风险"要素上，李先生工作风险低，但需要经常出差，因此其环境条件得分为 16 分，工作风险得分为 8 分，合计 24 分。

根据得分情况，李先生总分为 766 分。根据该公司的相关制度和规则，李先生得分所对应的薪酬等级为 24 级。按照公司薪酬分配标准，李先生的底薪为 3 万元，业绩提成为 8%，年终奖为销售额的 5%。

通过岗位价值评估模型，企业可以计算出每个岗位的相对价值，再通过建立价值等级，即可为员工薪酬的确定提供依据，方便企业科学地进行薪酬分配。

第 2 章
分配机制设计的关键点与方法和技巧

　　大多数领导者对企业价值的理解往往只停留在资产甚至现金流层面，因此，在分配企业价值时，很容易出现分配不均的情况，导致股东与股东、股东与员工、员工与员工之间出现矛盾，甚至导致企业无法正常运营。

　　为合理分配价值，提高运行效率，领导者需要设计完善的分配机制，并掌握相关的方法和技巧，从根本上解决企业价值分配过程中的矛盾。

2.1 价值分配三原则

企业价值分配是资源重新配置的过程，包括分配薪酬、职权、机会、福利、股权等资源。很多企业不是倒在困难的创业初期，而是在价值分配的时候土崩瓦解，其主要原因就是分配机制不完善。

为促进资源的合理分配，企业在进行价值分配时，需遵循以下原则。

2.1.1 公开：价值分配公开透明

企业价值分配的直接受益人是股东和员工。只有当股东和员工对分配机制无异议时，才更有可能共同推动企业持续发展。薪酬分配作为企业价值分配直接的形式，第一原则便是公开，只有做到充分公开透明，企业运行才能实现规范化、标准化，否则会很容易激化内部矛盾。

人们常常用蛋糕来形容整体价值，而公开原则则能确保每个人清楚地知道自己通过奋斗或付出可以分到多少蛋糕。这样，就能激发所有人员的积极性，带动企业持续向上发展。

国内知名企业华为员工人数约为 20 万人（2022 年），其拥有如此庞大的规模却依然能保持稳步增长，这在很大程度上归功于华为内部公开的价值分配体系，其价值分配原则为按劳分配、按资分配。

按劳分配即多劳多得，按资分配指员工持股享有分红收益。

在华为内部，不管是薪酬体系还是分红体系都是公开的，所有员工都清楚其应得的利益，因此，员工乐于付出，为企业的蓬勃发展奠定了坚实的基础。

与许多企业不同的是，华为的首要价值资源在于发展机会。如此设定的好处是员工付出得越多，其晋升的机会就越大。华为也会针对这些员工进行合理的资源分配，为员工的成长和发展提供有利条件。

为实现价值分配过程的公开透明，企业需要做到以下三点。图 2.1-1 所示为价值分配公开透明三要素。

图 2.1-1　价值分配公开透明三要素

（1）管理者需要广泛地分享信息。管理者掌握企业大量关键信息，例如企业发展规划、岗位需求变动、薪酬结构变动等。为提高员工积极性，管理者需要及时、广泛地分享必要的信息，让员工公平竞争。这种做法不仅能减少企业内"空降"或"走后门"的现象，还能打造利益一致、积极向上的企业文化。

（2）分配流程及相关文件公开以供检查。在大多数股东或员工看来，只有白纸黑字地展示价值是如何分配的，自身利益才能得到保护。企业如能将分配流程及相关文件公开，则可以有效解决大部分人的疑惑，让其将自己和企业视为利益共同体，思考如何付出才能帮助企业达成发展目标，并与企业共进退。

（3）完善监督机制。成熟的监督机制，不仅能增强企业价值分配的执行力，还能有效保障股东或员工权益。当有人对价值分配质疑时，监督机制可以根据标准化流程和各要素分配机制，提供公开透明的解决方案，确保分配制度执行到位。

2.1.2　公平：对内公平与对外公平

实现公平，是企业科学薪酬管理的重要内容，也是企业执行整体性薪酬战略必须重视的目标。

公平通常体现为两个方面，即对内公平和对外公平。

1. 对内公平

对内公平，通常称为内部公平或内部一致性，指企业各岗位薪酬水平应与岗位所提供价值相符合，即对企业价值贡献大的岗位，薪酬水平就要高，这体现了按劳分配的原则。企业应努力做到同工同酬，让企业内部竞争始终处在合理有效的水平上，避免消极情绪的产生。

企业应如何实现对内公平？目前，主要通过岗位价值评估加以保证，具体方法如下。

（1）科学分析各岗位的工作性质、责任压力、难易程度、所需教育背景、技术难度和价值目标，再根据企业整体发展的客观需要，通过打分、排序，确定岗位的等级和数量，形成岗位说明书，以此作为确定岗位价值的依据。

（2）进行岗位评价，主要评价方式有28因素法、国际职位评估法和Hay三要素评估法等，以形成科学合理的岗位等级体系，确定各岗位的相对价值。通过岗位评价，建立相对公平的岗位工资标准。

2. 对外公平

对外公平，通常称为外部公平，指的是员工薪酬总水平与外界相比的公平性。企业薪酬战略应确保员工薪酬水平在较长一段时间内，与同行同类企业相比具备应有的竞争力，并以此体现以人为本的原则。

通过维系对外公平，企业对内将塑造竞争性的薪酬环境，以挽留人才，使之安心工作；对外则能利用竞争性的薪酬制度，从市场中吸引关键性人才，提高本企业的生产效率、技术水平和管理水平。

目前，主要通过两种方法来实现对外公平。

（1）定期对外部劳动力市场进行薪酬调查，确定薪酬策略，回归薪酬曲线，并设计薪酬水平体系来提高对外的竞争力。

（2）通过工资总额的预算、执行和清算，确保员工实际收入水平达到预设薪酬水平。这部分工作属于薪酬管理的核心内容，需要匹配大量的测算。

LP公司是一家成立于2018年6月的专门从事新能源汽车配件开发的公司。作为一家科技初创型公司，其在短短 4 年中，着重建立了具有内部公平和外部竞争力的薪酬体系，最大限度地吸纳人才、激发全体员工的工作能动性和创造力。LP 公司年度营业收入从初创期的几百万元到 2022 年的几千万元，实现了快速发展壮大。

由此可见，科学合理、兼顾公平的薪酬体系是企业招引、巩固、激励人才队伍的重要措施，也是推动企业高质量发展的重要支撑。企业在进行薪酬改革或开展绩效薪酬管理时，都应遵循对内公平和对外公平的原则。

2.1.3　量化：基于岗位、能力与价值贡献的量化

科学的薪酬体系能引导员工工作态度积极改变，也有利于促进企业持续稳定发展。目前，许多企业已经意识到制定薪酬体系的重要性，但在具体执行时却困难重重，其主要的原因在于制定薪酬体系时缺乏量化管理。

根据企业市场定位与发展阶段的不同，量化管理有以下 3 种方式，如图 2.1-2 所示。

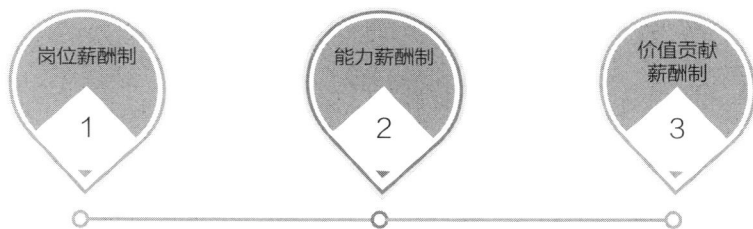

图 2.1-2　量化管理的 3 种方式

1.　岗位薪酬制

基于岗位的薪酬制度适用范围较广，其主要的特征是一岗一薪、同工同酬，即相同的岗位只有一个工资标准。这种薪酬制度结构简单，管理方便，适用于自动化程度较高且岗位等级明确的企业，例如工厂生产流水线上有不同工种，但相同工种的薪酬待遇一样。

岗位薪酬制，主要参考岗位工作难度或强度建立，为了更加公平地分配，企业在定薪时，需要运用科学的方法，其中常见的有以下几种。

（1）划段归级法。将工作所需技术相同或相近的岗位划分为一级。

（2）等差分级法。每一级岗位与前一级岗位的薪酬差距相等。

（3）等比分级法。随着岗位等级升高，每一级岗位薪酬比前一级岗位薪酬增加相同的比例。

2. 能力薪酬制

能力薪酬制是根据员工自身综合能力来确定薪酬的制度，考核的标准主要是学历、专业技术等级、工作经验等因素。能力薪酬制只适用于以技术为核心驱动力的企业。此类企业的员工主要有专业技术人员、研发人员以及技术工人，但由于职位有限，如果采取同工同酬的方式，员工积极性会大受打击，从而使员工失去发展动力。若采用能力薪酬制，同样的岗位上，能力强的人能获得更高的薪酬，这能促使员工积极提升自身综合素质，有利于企业建立雄厚的人才储备。

3. 价值贡献薪酬制

价值贡献薪酬制主要指根据员工创造的价值进行薪酬分配，这种分配方式是以目标为导向的，往往能直接带动企业的整体效益提升，因此多用于销售型企业。

常见的业绩考核便是价值贡献薪酬制的执行方式。站在企业角度看，业绩是衡量员工创造的价值的一个指标。为了最大限度发挥价值贡献薪酬制的优势，在使用这种分配方式时需要注意以下几点。

（1）既要考核员工创造价值的多少，也要考虑企业投入了多少。

（2）不同的团队或业务模式，应采取不同的价值评估方法。

（3）既要关注团队的贡献，还要重点关注团队核心成员的贡献。

大多数企业内，业务模型和人员架构会随着企业的发展不断变化，因此在对上述3种薪酬制实际运用时，往往不单一使用一种分配方式，而是会结合使用两种甚至3种分配方式。例如，在某工厂的生产流水线，相同工种虽然底薪相同，但可以根据不同员工的熟练程度或业绩，设置相应的奖金，提高员工的积极性，这对于企业来说是有百利而无一害的。

2.2　分配机制的人性考量

随着时代的发展与各行业企业的转型，企业之间的竞争已逐渐转变为人才储备之间的竞争。企业不管处于何种发展阶段，都需要人才的加入。企业蒸蒸日上时，人才可以帮助企业持续稳定发展；企业遭遇危机时，人才能帮助企业转危为安。企业想要有完善的人才储备，在制定分配机制时，必须充分考量人性，使员工利益与企业发展紧密结合。

2.2.1　羡慕：哇，分好多钱啊

很多企业认为人才千金难求，往往想通过各种方式留住人才。但员工更希望能在充满发展前景的企业奋斗。对他们而言，判断一个企业是否有前景，最直接的方式就是看企业有没有钱，或者说，看企业每年给员工发多少钱。

一些企业发放年终奖时，总会利用互联网进行宣传，让网友相当羡慕。其实，在很多销售业务主导的企业，到发提成的时候，领导也会选择聚集所有员工来见证。采用这样的分配方式，都是基于对人性的考量，目的在于让员工看到企业整体分钱很多，产生羡慕心理，从而激励员工不断进步。

想让员工在薪酬分配时产生羡慕心理，可以采用以下几种方式。

图 2.2-1 所示为薪酬分配的 3 种常见方式。

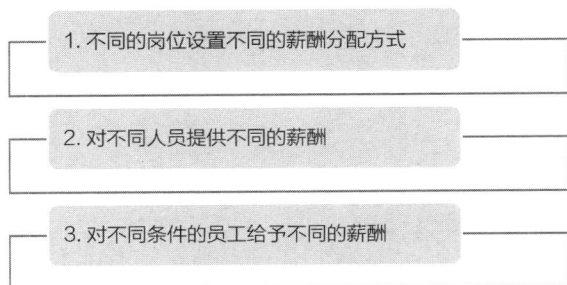

图 2.2-1　薪酬分配的 3 种常见方式

（1）不同的岗位设置不同的薪酬分配方式。企业根据各岗位的工作职责、所需技能、业绩标准等因素来确定岗位的重要程度，常见的岗位分为销售、生产、研发、后勤四大板块，不同企业可能重视不同的板块。

对销售型企业来说，销售岗上的往往是企业的核心成员。企业可以通过制定有竞争力的薪酬体系来激励员工创造更好的销售业绩。这样的方式不仅会令员工形成健康的竞争心态，也会使企业外的销售人员产生羡慕心理，有利于企业吸纳更多人才。同样，对于研发型企业来说，富于经验并具有对应水平知识的研发人员，其薪酬往往高于企业其他员工，如此分配不仅体现了多劳多得的原则，而且也充分体现了薪酬分配的合理性与公平性。

（2）对不同人员提供不同的薪酬。任何企业都存在清晰的员工分层，其中有的属于核心员工，有的属于一般员工。根据市场稀缺程度不同，核心员工也可以分为基本核心员工、稀缺核心员工。

A 公司是一家网络科技公司，主要业务是社交 App 开发，其中用 Java、Python进行开发的程序员小李和小赵属于基本核心员工，而负责 App 整体框架设计的架构师小王属于稀缺核心员工。小李、小赵、小王 3 人在 A 公司中扮演的角色的市场价值是不同的。

企业为了留住核心员工，必须制定合理的薪酬制度，有效的做法就是根据员工各自起到的作用、做出的贡献来进行分配，这样的分配方式将更容易被接受。

（3）对不同条件的员工给予不同的薪酬。不同条件，是指员工工作经验、工作技能、证书等级方面的差异。例如通常情况下，老员工的经验比新员工丰富，在其他条件相等的情况下，老员工的工资应该比新员工高一些。

企业分配福利时，也可以根据员工条件的不同，制定差异化的分配政策。例如工作年限满 5 年，每年带薪休假一周，工作年限满 8 年，每年免费出国旅游一次等。这样的分配方式对员工来说充满吸引力，也充分体现了企业的人文关怀。

2.2.2　对比：别人能分那么多钱，我呢

完善的薪酬制度能使企业在不增加成本的情况下提高员工的积极性，其常见方式是通过薪酬差异引导员工为企业做出更大的贡献，获取高额的回报。

薪酬差异是薪酬制度的重要组成部分。基于人性考量，薪酬差异很容易使员工之间产生对比心理。这将有利于企业进行人力资源配置，还能通过口耳相传等信息传播方式，对外塑造企业的用人形象。

企业在制定薪酬制度时，妥善利用对比心理，很容易实现激励员工和调节人员结构的作用，但如果在制定薪酬分配制度时出现以下几种情况，将严重影响薪酬分配制度的公平性和合理性，因此应当特别注意避开误区。

图 2.2-2 所示为薪酬分配常见误区。

1　企业薪酬水平低于市场标准

2　执行不公，同工却不同酬

3　薪酬差距过大

4　调薪不公或考核不规范

图 2.2-2　薪酬分配常见误区

（1）企业薪酬水平低于市场标准。员工在关注薪酬差异的时候，不仅会与

企业内部的人员对比，也会根据市场行情进行对比。如果员工通过对比发现同样的付出下，获得的回报相对于市场标准大打折扣时，积极性会大幅降低，甚至辞职。为此，企业在制定薪酬制度时要严格参照市场标准。

（2）执行不公，同工却不同酬。若企业出现同工却不同酬的情况，员工对比后就会觉得分配不公，对薪酬分配制度产生怀疑。当员工无法得到合理的解释时，其积极性势必会大受打击，会降低在工作上的努力程度。对于普通员工来说，这样的做法对企业的影响可能比较小，但对于核心员工或高管来说，这将给企业造成严重的损失。

（3）薪酬差距过大。合理的薪酬差距有利于员工激发斗志，奋发向上，但当薪酬差距过大时，员工认为通过自身能力无法企及更高薪酬，也就没有自我价值被认可的感受。此时，薪酬分配制度便丧失了激励作用。

（4）调薪不公或考核不规范。薪酬分配制度必须基于公开公平的原则，如果毫无根据随意调薪，员工会认为薪酬分配制度形同虚设、朝令夕改，自然无法全身心地投入工作。同样，如果企业进行绩效考核时，没有制定严格的规范流程，努力工作的员工与低效敷衍的员工的回报却差不多，这对甘愿付出的员工来说是不公平的。长此以往，企业内部将缺乏斗志，死气沉沉。

2.2.3 激励：我如何才能拿到更多

薪酬分配是以价值创造为导向的，其原则是按员工创造的价值进行分配，以激励员工创造更大的价值。薪酬分配规则不同，对员工的激励程度也不同。企业必须因人而异、因战略规划而异，制定契合企业发展目标的激励方式，帮助员工了解"我如何才能拿到更多"。

常见的激励方式有以下几种，如图2.2-3所示。

图 2.2-3　企业常用的 4 种激励方式

（1）民主管理激励，即"我想知道有多少"。企业制定薪酬制度的时候，不能一味站在企业的角度思考问题，必须充分考虑员工的感受，倾听他们的意见。因此，企业需要采用民主管理的激励方式，根据员工提出的建议进行探讨，制定让员工满意度高的薪酬分配制度。这样的激励方式合理性更高，让员工工作时更有动力。

（2）目标管理激励，即"我要做到怎样"。企业的运营是以目标为导向的，如果员工和企业的目标一致，员工的积极性和工作效率将会大大提高，企业也能更好地完成目标。

实行目标管理要做到奖罚分明。企业设定目标后，员工如果在规定的时间或条件内能达成，就应获得对应奖励；如果没有达成，则应接受相应的惩罚。目标管理的激励方式适用于大部分企业，但在落实奖惩时，必须说到做到，否则会影响企业信誉。

（3）考核激励，即"如何评价我所做的"。企业还需定期对员工工作情况进行考核，做到奖惩分明。对优秀的员工，企业应给予奖赏或晋升机会，对未达到考核要求的员工则进行相应惩罚。当员工清楚如何评价自身的工作业绩后，优秀员工为获取更高的回报会努力工作，落后员工为不被惩罚也会迎头赶上，这样会形成良性循环，企业会拥有更强的核心竞争力。

（4）情感激励，即"我不只想拿到钱"。员工不仅需要物质层面的激励，也需要情感层面的激励。许多企业都会重视员工的关怀需要，让员工感受到归属感。同样，进行情感激励既是为了提高员工对企业的信任度，也是为了让员工意识到自己的价值，产生较强的责任感。

员工是企业的重要组成部分，其工作状态与身心健康直接影响企业的运营发展，企业管理者应该重视员工的情感需求，例如经常与员工沟通工作中遇到的困难，关注他们的情绪，使他们保持积极向上的精神状态。实施情感激励，可以营造企业内部上下一心的工作氛围，有利于企业持续稳定发展。

2.3　分配机制的分层设计

企业可以依据组织层级架构，简单地分为基层、中层、高层三个层次。不同层级的员工彼此相互合作，才能保障企业顺利运转。在不同层级中，由于各层级员工分工不同、能力不同、为企业贡献的价值不同，其对薪酬的期望值也不同。企业在设计分配机制时，需充分考虑各级员工的特点，制定适合企业自身情况的薪酬制度。

2.3.1　基层分配

基层员工是企业发展的基础。基层员工虽然有较高的可替代性，但在企业发展过程中却能起到重要支撑作用。

一般来说，基层员工在企业中数量最多、工资最低，但基层员工的工作却直接决定了产品质量，进而影响企业发展。因此，在设计基层员工的分配机制时，需要注意以下几点。

1.　工资领先战略

基层员工的工作内容大部分属于执行。他们只需根据规定流程把事做好，就能拿到基础工资。因此，针对基层员工，采用工资领先战略是十分有效的。

虽然基层员工的可替代性强，但频繁招聘容易使基层队伍不稳定，也会导致招聘成本增加。当基层员工工资高于市场平均水平时，将有利于企业留住优秀人才，减少用工和招聘压力，并大大提高员工工作的积极性。

2. 保障员工基本需求

根据马斯洛需求层次理论，基层员工最迫切的需求是安全需求和社交需求，因此企业可以从这两个需求入手对基层员工进行激励。

（1）安全需求。基层员工的安全需求主要受到收入影响。为了保障基层员工的安全需求，企业应做好以下方面。

①工资按时发放，保障员工基本收入，在此基础上，企业可以根据自身情况，为员工提供福利，例如包吃包住等。

②基层员工对奖惩普遍都很敏感，企业在制定奖惩规则时，界限要清晰，否则被惩罚的员工很容易不满。企业必须充分明确，制定规则的目的并非惩罚，而是引导员工遵守纪律。

③让员工的努力得到肯定。对于优秀的员工，企业可以重点培养，或给予晋升机会，为企业发展储备更多的人才。

④企业提供额外的奖金和补贴。基层员工收入比较稳定，如果企业在此基础上能为员工提供额外补助，例如高温、噪声补贴等，员工的满意度将大大提高，并且会有很强的归属感。

（2）社交需求。基层员工的日常工作大多有规范的操作流程，因此工作内容较为枯燥，且不需要经常与人交流。因此，很多企业忽视员工的社交需求，认为社交需求与工作无关，但当员工满意度低或身心健康受到影响时，其工作效率和积极性势必会大大降低。

一般来说，企业可以通过以下几个方面来满足基层员工的社交需求。

①管理者要定期了解员工的工作状态，通过沟通发现员工在工作中遇到的问题，及时帮他们解决。

②当员工在情绪上有不满时，管理者可以对其进行开导，让员工调整情绪，同时使其能感受到企业的人文关怀。

③当员工取得优秀业绩时，企业需要做出表扬并且给予物质奖励。

④丰富员工的业余生活，适时举办团建活动，让企业能够产生充分的凝聚力。

2.3.2　中层分配

中层管理人员在企业中扮演上传下达的角色。在工作中，他们负责将企业的整体规划细分，交由基层员工执行，带领基层员工攻坚克难，同时还负责向高层汇报工作。

对中层管理人员来说，他们已不再局限于获得基本工资，而是更注重自身晋升机会和企业发展前景。因此，具有激励作用的中层分配机制，必须由以下几方面构成，如图 2.3-1 所示。

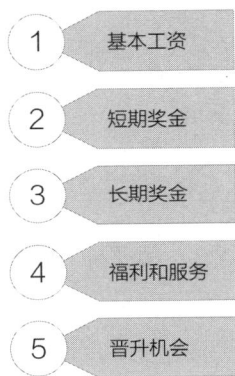

1	基本工资
2	短期奖金
3	长期奖金
4	福利和服务
5	晋升机会

图 2.3-1　中层分配机制的内容

1. 基本工资

根据企业规模、团队业绩、企业经济效益、企业组织架构、企业整体薪酬水平等因素不同，中层管理人员的薪酬水平差异很大。综合考虑以下几方面，中层管理人员的基本工资应至少与市场平均水平相当。

（1）中层管理人员在企业中起至关重要的作用，他们直接决定了企业日常运营是否顺畅。

（2）中层管理人员工作经验相对丰富，能努力提升产品质量和员工素质，提高企业核心竞争力。

（3）中层管理人员与市场接触广泛，对自身利益的保障和争取意识较为强烈。

（4）合适的中层管理人员在市场中比较稀缺，如果重新招聘和培训，会影响企业运转，其成本反而更高。

2. 短期奖金

短期奖金能给中层管理人员正反馈，从而提高他们的工作积极性。短期奖金在分配上具有灵活性，一般产生于项目结束的时候，其具体数额取决于个人贡献的成果和企业利润。

3. 长期奖金

一些大型项目参与人数多、回款周期长，但又与企业的长期经营密切相关，因此企业可以根据中层管理人员在其中的贡献给予一定的长期奖金，从而让中层管理人员更好地配合项目的实施。

4. 福利和服务

市场中，中层管理人员的基本工资基本相当，薪酬之间的差异，主要来源于与绩效考核相关的短期奖金和长期奖金。对于中层管理人员来说，奖金并不是唯一的追求，他们努力付出为企业争取效益，企业也应给他们相应的福利，这样才能最大限度地激发其干劲与才能。

针对中层管理人员的这一需求，企业可以设立专项福利，例如节日补贴、带薪休假等，用丰厚的福利和服务来增加他们对企业的归属感。

5. 晋升机会

中层管理人员普遍在相应的行业内或岗位上有多年经验，为了发展所需，晋升机会是大部分中层管理人员关注的重点，同时也是分配机制的重要内容。中层管理人员在满足了薪酬期待后，都希望自身能力或经验被企业所认可，而给予其晋升机会则是最好的认可方式之一。企业应保证所有对企业做出了贡献的中层管理人员，都能通过获得晋升机会而实现自我价值。

2.3.3　高层分配

高层，主要负责企业日常经营中的决策和战略性的规划，肩负企业和员工的未来。通常高层人员对工资等基本薪酬的期望值，比基层、中层人员要低，他们更加注重自我价值的提升与企业的长远走向。因此，高层人员的分配机制可以采用不同方式进行设计。

图 2.3-2 所示为高层薪酬分配方式。

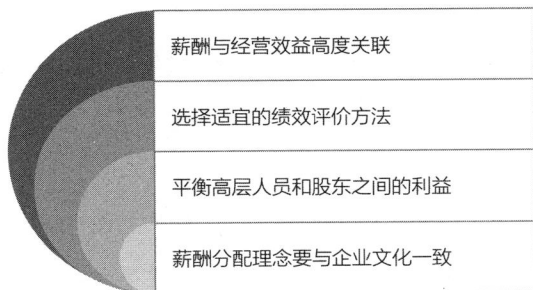

图 2.3-2　高层薪酬分配方式

（1）薪酬与经营效益高度关联。大部分企业的高层人员的薪酬都是与企业经营效益直接挂钩的，这是因为高层人员往往直接执掌企业的日常经营，因此企业的经营效益与其有不可推脱的关系。将高层人员的薪酬与企业经营效益紧密联系在一起，能最大限度地激励他们全心全意为企业服务。

（2）选择适宜的绩效评价方法。高层人员在带动企业发展时，不仅需要关注经济效益上的提升，还要注重品牌、信誉等隐形资产的积累。由于这些隐形资产很可能无法在短时间内变现，因此，企业在对高层人员进行绩效考核时，不能仅依靠投资收益率进行评判，而是应该全方位考察企业的经营状况，例如从产品的复购率、客户的满意度等多方面进行考察。

（3）平衡高层人员和股东之间的利益。高层人员和股东都能影响企业的决策，但两者的利益经常会出现冲突。这是因为两者在企业经营规划上的意见很难一致。股东投资的目标是实现收益在短期内的最大化，而高层人员则更偏向于企业能稳定发展，发挥自身价值。

为了减少股东和高层人员间的矛盾，企业在设计薪酬分配制度时，可以赋予高层人员一定股权，这样不仅能起到激励作用，还能提高高层人员的主人翁意识。

（4）薪酬分配理念要与企业文化一致。通常来说，企业薪酬制度都是围绕如何最大限度地激励员工而设计的，但薪酬分配制度无论如何改变，必须与企业的经营理念和价值观结合。当企业文化发生改变时，往往会伴随薪酬结构的调整，高层人员作为企业经营的主心骨，不仅需要以身作则来适应薪酬分配制度的改变，还要引领整个企业进行变革。

2.4　分配机制的体系设计

随着市场竞争加剧，很多企业在招聘时总会面临两难境地：一方面，薪酬给低了没有竞争力，吸引不了人才；另一方面，如果薪酬给高了，员工的工作能力不够、工作表现不好，无法创造业绩，对企业反而形成沉重的成本负担。因此，建立科学的薪酬分配体系对于每个企业来说意义都非常重大。

企业分配机制的设计原则是"用有竞争力的薪酬招到优秀的人才，用高标准、严要求不断激励员工贡献价值"。为了能利用分配机制来充分激发员工的积极性，薪酬分配体系的设计必须对底薪、绩效、奖金等因素进行综合考虑。

2.4.1　底薪设计

底薪加提成是最简单的薪酬分配方式，但其弊端也很明显，容易导致员工积极性低、招人留人难的问题。为了激发员工活力，很多企业都会重点在提成上进行调整，但容易忽略底薪设计的重要性。

底薪一般指基本工资，某些企业会把劳动法和其他国家政策规定的最低工资标准设为底薪，由于各地消费指数和经济水平的差异，底薪差异很大。

一套良好的薪酬制度离不开底薪设计，在设计底薪时，企业必须掌握以下几个要点，如图 2.4-1 所示。

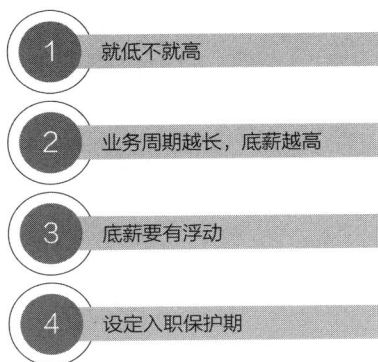

图 2.4-1　底薪设计的要点

（1）就低不就高。一些企业在招聘时，为了快速招到人，都会选择把底薪调高。这样的招聘方式很容易导致员工来源不佳。

实际上，成熟的薪酬制度，必须做到激励优秀员工，淘汰落后员工。如果底薪给得太高，员工无须努力就能获得不错的收入，即使没有业绩却依然留在企业，这对企业将形成极大损耗。

相反，如果底薪给得低一点，在合法基础上能满足员工基本生活需求，员工就会为了追求更好生活而不断努力。一旦确认自己没有完成业绩的能力，员工就会自动选择离开，这样的底薪设计不仅能减少企业的薪酬成本，还能帮助企业择强汰弱，保持生机。

当然，设计底薪时的"就低不就高"原则，并不是无限度地压低底薪，而是根据当地的最低工资标准进行设定。

（2）业务周期越长，底薪越高。业务周期，指的是员工从接触客户到成功获得订单的时间段。在某些销售型企业中，销售周期较长，底薪应随之调高。

例如，大型机械设备销售企业，其产品销售周期常常以年为单位，业务员往往需要进行长期客户关系维护才能促成订单。如果其间业务员一直靠较低的底薪生活，则中途很容易因面临生活压力而放弃。因此，企业在设计底薪时，有必要根据销售周期的长短，对底薪进行灵活调整。

（3）底薪要有浮动。无论底薪高低，都并非一成不变的。为激励员工，企业可以根据员工月度或季度的业绩情况，对其底薪进行浮动安排。

例如业务员底薪为 2200 元／月，如果连续 3 个月达到 10 万元业绩，底薪提升为 3000 元／月，如果连续 3 个月达到 20 万元业绩，底薪提升为 4000 元／月。

（4）设定入职保护期。考虑到员工入职后需要对工作岗位进行一定时间的了解，为提高企业招聘吸引力，降低员工生活压力，企业可以根据业务情况设定入职保护期。

常见的入职保护期为 1~3 个月。例如给业务员设定 3 个月的入职保护期，保护期底薪为 3000 元／月，过了保护期后，底薪调整为 2200 元／月。

2.4.2　绩效设计

绩效设计是企业科学管理的重要组成部分。通过绩效设计，管理者能清晰了解员工的工作效率和业绩，从而奖优罚劣，不断提高企业的发展水平。

企业在进行绩效设计时，一般会经过 8 个步骤。图 2.4-2 所示为绩效设计的步骤。

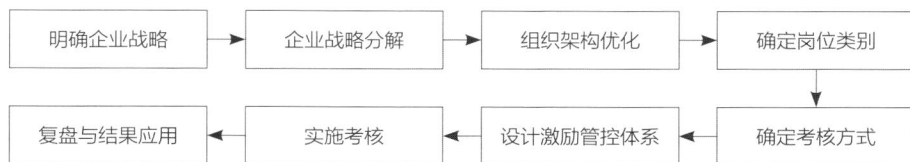

图 2.4-2　绩效设计的步骤

（1）明确企业战略。企业战略包括企业的发展方向和主营业务等。绩效设计的目的是提高企业经济效益，只有将企业战略与绩效设计紧密结合才能提高企业核心竞争力。为此，需要先明确企业战略，绩效考核才能根据战略目标有的放矢。

（2）企业战略分解。企业战略确定后，需要企业内部各单位、人员配合执行，即应将战略目标细分到每一个部门，再由每个部门将目标细分到每一个员工的手上。

（3）组织架构优化。为完成企业战略目标，提高员工做事效率，企业在细分目标时并非一味按照原有的组织架构，而是将有利于促进项目实施的相关人员和部门重新梳理，以构建利于企业发展的组织架构。

（4）确定岗位类别。企业在对组织架构进行优化后，有些员工的岗位会发生变化，并产生对应问题。

　　某公司准备实施新项目，但人员有限，只能临时抽调财务部5名员工、生产部5名员工、销售部主管及其手下10名销售人员成立项目组。实施此次项目是为了促进产品销售，为此，企业管理层任命销售部主管为项目负责人，其余人辅助执行。于是在此项目中原财务部、生产部的员工实际上都成了销售团队的一员，但由于没有明确的激励政策，除销售团队原有成员外，其他成员在执行时都缺乏动力，最终导致整个项目进度远落后于计划。

为了激励不同岗位的员工，企业在优化组织架构后，必须根据项目需要明确各岗位类别对应的管理方式和激励措施，提高员工积极性，否则就可能出现人心涣散的现象。

（5）确定考核方式。岗位类别确定后，为保证分配方式的公平公开，企业应根据战略目标及项目特点，对所有员工进行考核，常用的考核方法有关键绩效指标考核法、关键结果考核法等，企业可以根据岗位性质采取不同的考核方式。

（6）设计激励管控体系。绩效考核的结果直接影响员工薪酬，因此激励管控体系的设计是重中之重。只有设计并执行有竞争力的激励管控体系，才能使员工全身心地投入工作。

（7）实施考核。考核并非单纯地计算员工绩效，而是以事实为依据，根据员工的反馈结果，帮助他们提高绩效。

（8）复盘与结果应用。企业的历史绩效表现，对目标的制定具有重要的参考意义。管理者可以分析历史绩效表现，对未完成的目标，呼吁员工找出其中的问题后，共同商讨解决方案；对于完成的目标，管理者应带动员工总结其中的成功经验，争取更上一层楼。

2.4.3　奖金设计

现代企业的竞争，早已深入发展为人才资源层面的竞争。不少企业会用加薪的方式留住人才，但往往由于缺乏具有激励性质的薪酬体系，难以激发员工的潜能。因此，企业有必要调整薪酬分配理念，重视奖金在员工激励中的作用。

奖金，通常包括企业奖金、部门奖金、员工奖金，为实现企业和员工的双赢，在进行奖金设计时需要注意关键要素。图 2.4-3 所示为奖金设计的关键要素。

企业奖金总额设计　　　　　　　　　部门奖金设计

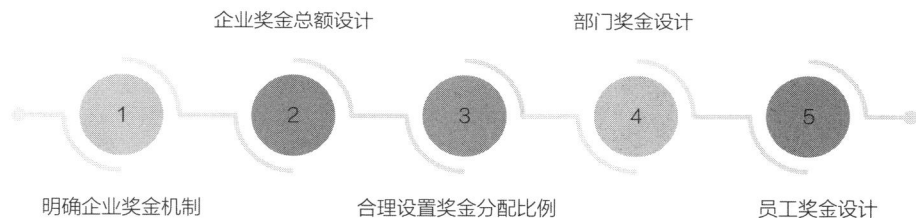

明确企业奖金机制　　　　合理设置奖金分配比例　　　　员工奖金设计

图 2.4-3　奖金设计的关键要素

（1）明确企业奖金机制。企业是由各部门及其员工构成的整体，虽然不同部门和员工对企业贡献程度不同，但其中每个个体都能影响整体目标的实现。因此，企业在设计奖金时需要充分考虑不同部门、不同员工的价值，做到公平公正。

（2）企业奖金总额设计。企业奖金原则上与经济效益直接挂钩，但企业发展目标不同，参考的指标也不同，常见的参考指标有营业收入、净利润、回款额等。

在进行奖金设计时需要与相应的指标关联，以奖金激励带动指标完成。

（3）合理设置奖金分配比例。许多企业在设计奖金时只重视生产、销售部门的奖励，而忽视了职能部门的贡献，这会大大降低职能部门员工的积极性，使整个组织效率低下，无法形成强有力的服务支撑，最终影响企业整体效益。

企业在进行奖金设计时，要平衡不同部门的奖金分配比例，落实"多劳多得"的原则。

（4）部门奖金设计。部门奖金的考核指标要与其部门性质紧密相关。例如，销售部门的考核指标主要是收入、利润、回款等，研发部门的考核指标为专利数、研发产品的销售收入等，职能部门的考核指标较难量化，可以根据其价值贡献按适当比例分配奖金。

（5）员工奖金设计。员工奖金的分配，主要根据岗位级别和考核系数设置。部门主管是部门的牵头人，其考核指标与部门考核指标大致相同。但基层员工的奖金设计，则需要参考其贡献：对于优秀员工，部门主管可以进行奖金的适度倾斜，以达到激励员工的目的。

2.4.4　提成设计

企业形成明确的战略目标后，需先做好成本和利润的测算，才能进行提成设计。企业进行提成设计，并非单纯地为了计算业绩提成，还要根据产品结构和商业模式，在不同发展阶段对员工进行激励。

企业进行提成设计，离不开以下参考因素和设计原则。

1. 参考因素

三大参考因素，分别指企业所处发展阶段、产品结构和营销模式，在进行提成设计时，必须围绕这三个参考因素形成设计思路。

（1）发展阶段。企业处于不同发展阶段，提成方式和比例不同，这是因为企业在初创期、发展期、成熟期为达到目标所需要的成本是不一样的。

（2）产品结构。不同产品提成方式和比例不同。合理的产品结构，应包括引流产品、利润产品、"爆款"产品。这三种产品的价值、利润、服务、提成等都有很大差异。

（3）营销模式。为适应不同的市场需求，企业会采取不同的营销模式。例如某餐饮连锁企业，为了快速扩张，针对不同区域，采取了招商模式、会销模式、电销模式、拜访模式。由于不同营销模式的成本差别很大，所以提成设计不能一概而论，必须结合具体营销模式进行分析和判断。

2. 设计原则

提成是薪酬制度的主要组成部分，尤其对于销售部门来说，提成往往是其收入的主要来源。为了更好地实现薪酬管理，提成设计必须严格遵循以下原则。

（1）清晰易算。设计提成的本质是激励员工、促进销售，简单易算的提成分配方式，可以让员工清晰地知道付出多少努力能拿到多少回报，为了拿到更多提成，员工将会不断努力。

（2）有效激励。企业发展初期，销售体系还未成熟，无须给予员工过高的提成，而可以预留一部分作为阶段性奖励。

（3）降低难度。企业为促进销售，会选择给予销售人员较高的提成，但这样的做法无法降低企业长期营销的难度，因此，企业可以选择部分结余资金，将其用于推广宣传以降低销售难度，帮助企业持续增长。

2.4.5　超额分红设计

对企业而言，结合战略目标的完成情况，进行超额分红奖励，能起到显著的激励作用。

在设计超额分红时，需要经过一定步骤。图 2.4-4 所示为超额分红设计的步骤。

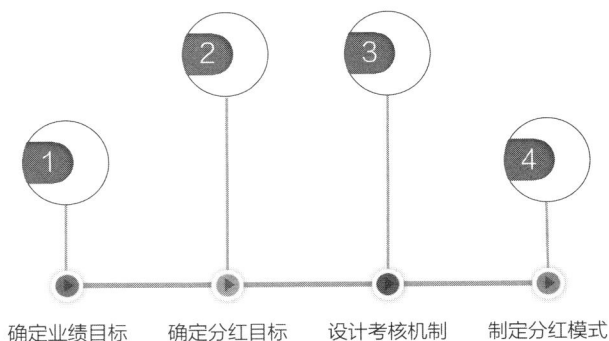

确定业绩目标　　确定分红目标　　设计考核机制　　制定分红模式

图 2.4-4　超额分红设计的步骤

（1）确定业绩目标。企业需要根据往年业绩情况，预计今年的业绩目标，对于销售周期长的企业，其实现业绩目标的期限可能是 3 年甚至是 5 年。对于以年度业绩目标进行分红的企业，可以根据往年的增长率进行测算。

某企业去年业绩为 200 万元，按照平均每年 20% 的增长率，企业今年可达到 220 万元的业绩，那么其超额分红的基准就是 240 万元。

（2）确定分红目标。不同群体的分配机制不同，企业在设计超额分红时应明确是管理层分红还是全员分红，而且还应确定分红比例。只有保证分配机制的公开透明，企业员工才能全身心地为企业付出。

（3）设计考核机制。很多企业在设计超额分红时只规定了单一的基础目标，当员工觉得快要完成目标或难以完成目标时，都会产生懈怠心理，这与分配机制的激励性原则相悖。

企业在进行超额分红设计时，不仅应设立基础目标，还应设立超额目标，以更高的分红比例来激励员工。

某企业的基础目标是 240 万元，当员工完成基础目标后，可以获得 3% 的分红，即 72 000 元，但如果完成超额目标 250 万元，员工可以按多出部分的 5% 获得奖励。

（4）制定分红模式。企业可以根据销售周期，设计不同的超额分红模式。不同的分红模式，应与相对应的岗位绑定限制条件，否则很有可能出现员工拿了分红后就离职的现象。

例如，发放超额分红时，可以在当年年末发放 60%，其余的 40% 于次年的 6 月和 12 月分批发放。

2.4.6　在职分红设计

在职分红，也称在职分红股，是对在职员工的利润分享激励方式。在职分红通常只针对核心员工，员工一旦离职或违反企业规定，就取消发放分红，因此有利于企业留住核心人才。

在职分红实际上属于干股的一种，但员工只享有分红权，没有投票权、决策权、转让权等股东权益。

在职分红的设计一般有以下步骤。

1.　制定利润目标

企业在年初时制定利润目标，到年终结算时，如果利润目标完成，就可以拿出一部分利润分配给核心员工。

2.　确定分配比例

企业利润目标的达成，往往需要多个部门的通力合作，为此需要根据不同核心员工贡献的价值，确定分配比例。

某企业今年利润目标为 200 万元，采用在职分红总额法，销售部核心员工提取在职分红比例为 10%，其中销售部主管分配比例为 20%。年终结算时，企业利润为 250 万元，因此销售部总体分红为 25 万元，其中销售部主管可获得 5 万元。

3.　进行岗位考核

为保证分配的公平公正，所有享受在职分红的核心员工都应接受岗位考核。考核维度包括价值观与企业是否一致、绩效是否良好等，对于高管，还需具体考核其是否为企业培养了岗位人才，个人是否有持续学习成长等。通过这些考核后，员工才能获得分配的利润。

4.　制定分红模式

在职分红的分配模式，有在职分红总额法和在职分红超额法，企业可以根据发展状况加以灵活使用。

（1）在职分红总额法。企业制定利润目标后，只要达到利润目标，就能从全年利润内提取固定的比例作为员工分红。

例如企业今年利润目标为 200 万元，年终结算利润为 300 万元，提取在职分红比例为 10%。根据在职分红总额法，核心员工总共可获得 30 万元的分红。

（2）在职分红超额法。在职分红超额法即对超出利润目标的部分提取固定的比例进行在职分红。

某企业今年利润目标为 200 万元，年终结算利润为 400 万元，提取在职分红比例为 20%，根据在职分红超额法，核心员工总共可获得 40 万元的分红。

2.4.7　股权增值权设计

股权增值权模式，是指企业授予员工股权增值收益的激励方式，企业在授予日授予员工相应的股权增值权，员工在行权日可以行使权利并获得增值收益，增值收益一般以现金的形式发放。

需要注意，企业授予员工的并非实际股权，而是对应权利，被授予人只有达到约定目标或在约定期限后，才能行使该权利以获得收益。

某公司授予销售总监 20 万股的股权增值权，期限 2 年，授予日的股权价格为每股 10 元。2 年后，公司的股价上涨到每股 30 元，那么到了可行权日，销售总监可获得 400 万元的现金收益或等值的股票。

股权增值权模式是以股票的升值收益作为对员工的激励，对企业的现金流要求比较高。企业在进行设计时，应重点关注三个要素，如图 2.4-5 所示。

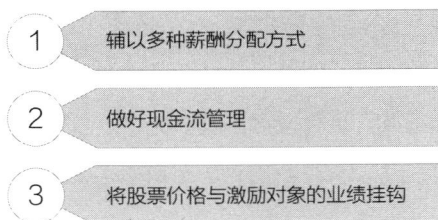

图 2.4-5　股权增值权设计三要素

（1）辅以多种薪酬分配方式。企业授予激励对象的股权增值权并不是真正意义上的股票，激励效果有限，所以应该搭配提成、奖金、分红等多种方式，使激励对象有多种不同的收入来源，充分激发激励对象的积极性。

（2）做好现金流管理。企业在可行权日需要给予员工现金收益，如果企业现金流管理不完善，会导致很大的现金支付压力，因此企业应提前做好奖励基金的预存，避免出现现金流风险。

（3）将股票价格与激励对象的业绩挂钩。虽然股权增值权具有一定的激励作用，但由于员工并没有花钱购买股票，而且并未掌握股票的所有权，因此激励对象感知较弱，相对短视，有可能出现短期行为。为避免类似情况，企业可以将激励对象的业绩与股票价格关联，将激励对象个人收益与企业效益绑定，这样不仅能提高其积极性，还有利于核心人才的保留。

2.4.8　股权分红设计

企业为留住核心人才，回报他们对企业的贡献，经常会采取分配股权的方式对其进行专门激励。有了股权分红，核心人才就会更好地与企业共享发展成果，获得更多回报，其积极性也将大大提高。

需要注意的是，股权分红涉及股权架构的调整，企业在进行股权分红设计时需要充分保障股东和员工的权益，避免双方产生矛盾影响企业持续发展。

企业进行股权分红设计时，需要重点关注以下几个方面。

（1）明确激励主体。股权分红设计是为了激励为企业贡献价值的员工，当贡献与收益对等时才有激励性。但大多数企业的业务往往涉及多部门协同，如果动辄对所有人员进行激励，难免出现部分人员"搭便车"的现象，对于核心人员来说不公平。为此，企业必须制定完善的考核制度，从而分析出哪些是为企业做出贡献的人，以明确激励主体，进行重点激励。

（2）员工是否出资。大部分企业给予员工的是虚拟股和期权，所以一般不需要员工出资。如果企业发展前景广阔，可以提倡员工入实股，一般来说，员工如果能看到明显的收益增长预期，都会愿意出资。

出资方式上，企业也可设计不同模式。例如，不仅能通过员工自有资金出资，也能通过提取奖励基金出资。这意味着只要业绩做得足够好，员工少出资甚至无须自筹出资即可享受股权分红。

（3）明确分红比例。根据法律规定，如果员工以自有资金出资，可享有股东的所有权益。但如果企业授予员工的是干股，在没有明确的协议约定时，则员工仅享有分红权，无决策权、转让权等权益。

股权分红比例往往采取资金股和人力股结合的方式进行计算，因此企业在分配股权时，需要明确不同类型员工的分红比例。

某企业资金股占比60%，人力股占比40%。其中A出资比例为5%，人力占比为20%，B出资比例为0，人力占比为30%，则A的分红比例为5%×60%＋20%×40%=11%，B的分红比例为0×60%＋30%×40%=12%。

员工股权分红涉及股东利益，在进行股权分红设计前，为保障股东权益，必须召开股东大会，股权分红方案必须经由大多数股东同意才可执行。

2.5　分配机制与激励方案

现代薪酬理论基于激励理论和公平理论，总结了能调动员工积极性和提高工作效率的两大关键因素，分别是分配机制与激励方案。

员工对工作不满意的常见原因，是员工认为分配机制不合理，而影响员工工作效率和质量的，往往又是不科学的激励方案。正因员工工作的基本需求是经济需求，分配机制与激励方案对于员工和企业而言都是发展的关键。

2.5.1　分配的基本盘有多大

在竞争激烈的市场环境下，各企业围绕人才进行新一轮的角逐，企业只有借助高素质的人才队伍，才能在激烈的现代市场经济中站稳脚跟。因此，如何用人、如何留人，成为各企业关注的焦点。

薪酬分配是现代企业管理工作的重要组成内容，在激发员工工作积极性、提高员工工作效率、增强企业凝聚力等方面发挥重要作用。现今，所有企业基本达成了共识，要留住人才、吸引人才，就必须制定一套符合企业发展理念的分配机制。

分配机制下，企业直观的行为是发工资，但其背后应该有一系列的分配体系支撑，否则员工就难以获取工作或心理上的满足感，更谈不上持续、有效的激励。因此，薪酬分配的基本盘涉及面很广，核心是分配理论、分配原则、分配内容。

1.　分配理论

薪酬是市场经济的产物，随着人们对劳动力、组织关系、企业利润三者之间关系的深入研究，形成了一系列有影响力的分配理论。在这些理论的支持下，薪酬分配体系日益完善，并在企业管理中发挥重要作用。

图 2.5-1 所示为分配理论基本体系。

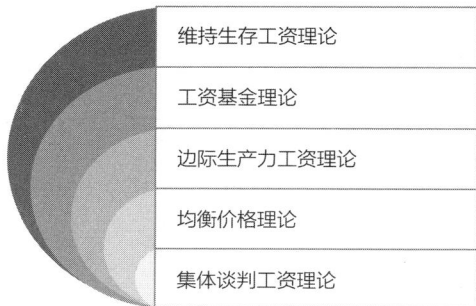

| 维持生存工资理论 |
| 工资基金理论 |
| 边际生产力工资理论 |
| 均衡价格理论 |
| 集体谈判工资理论 |

图 2.5-1　分配理论基本体系

（1）维持生存工资理论。维持生存工资理论是最低工资保障制度的基础，解决了许多西方国家曾出现的劳资矛盾。

（2）工资基金理论。工资基金理论的核心观点是在企业工资支出确定的情况下，员工工资水平取决于员工人数。

（3）边际生产力工资理论。边际生产力工资理论与工资基金理论共同解释了员工工资是由边际生产力决定的，员工人数越多，边际生产力越低，工资水平就越低。

（4）均衡价格理论。均衡价格理论认为员工工资是劳资双方在市场竞争中形成的均衡价格。

（5）集体谈判工资理论。集体谈判工资理论认为工资水平是劳资双方为追求利益而交涉的产物。

2. 分配原则

分配原则是企业进行薪酬分配设计的基础。离开分配原则，薪酬分配设计将没有意义，以下为薪酬分配的原则。

（1）战略原则。战略原则强调薪酬设计要以企业战略目标为核心，根据战略目标制定相应的分配制度和福利政策。

（2）公平原则。公平原则追求对内和对外的公平，对内能确保企业内部实现多劳多得，消除员工之间因薪酬分配不公而引发的矛盾，对外则能确保薪酬分配符合市场行情，具备应有的竞争力。

（3）竞争原则。竞争原则指企业能根据自身实力和发展目标，给予员工比市场水平高的薪酬，这样不仅能激励员工，还有利于企业吸纳人才。

3. 分配内容

薪酬分配的内容主要有基本工资、提成、奖金、补贴、津贴、社会保险、住房公积金等，企业可以根据经济效益和经营特点，在法律允许的范围内，自主决定薪酬分配内容。

2.5.2　如何量化岗位与员工做出的贡献

大部分企业的薪酬分配都采取同工同酬的方式，这会导致：同一个企业、同一个岗位，有人忙得不可开交，有人却无所事事，而所有人的工资都相同。类似这样的情况，很容易打击员工的积极性，长此以往则会导致员工消极懈怠，危及企业发展。

企业需要根据员工实际贡献价值进行薪酬分配，而不只是根据岗位的理论贡献价值。即便身处相同岗位，不同的个人也会因能力、经验、态度的不同产生不同的贡献。其中，贡献大的员工理应拿到更高的回报。因此，企业需要对员工及其岗位贡献进行量化，确保分配机制的公平公正。

常用的量化员工或岗位贡献的工具是 KSF（Key Success Factors，关键成功因素）。KSF 又称"关键成功因子"。在使用该工具时，应首先找出最能代表岗位价值的关键性指标，再根据这些指标对员工或岗位的贡献进行评估。

图 2.5-2 所示为 KSF 量化步骤。

| 岗位价值分析 | → | 提取指标 | → | 将指标与薪酬融合 | → | 分析历史数据 | → | 选定平衡点 | → | 测算 |

图 2.5-2　KSF 量化步骤

（1）岗位价值分析。岗位价值分析的目的是确定岗位能给企业带来怎样的经济效益，或岗位是否一定要设置。如果需要设置，则企业管理层必须清楚该岗位负责的工作内容。

（2）提取指标。提取指标指提取岗位工作内容中可量化的指标，例如销售额、回款额、订单数等。

（3）将指标与薪酬融合。在确定量化指标后，每个指标都需要有对应的绩效工资。为防止平均分配，企业应对不同的指标设置不同权重。

某企业销售部员工的关键考核指标为销售额、订单数、拜访客户数，三者中销售额的权重最高，拜访客户数最低。

（4）分析历史数据。每个指标的绩效工资不能凭空设置，需要根据企业历史数据客观设置。通常而言，应以过去一年的数据为依据。

（5）选定平衡点。企业想要实现更好的发展，往往会给员工设置完成难度较高的绩效目标，这对员工的工作积极性很容易起反作用。因此，企业应该在参考历史数据的基础上，根据实际发展状况，选定平衡点，对预期的员工绩效目标进行适度的调整。

（6）测算。指标、权重、薪酬三者可以形成不同组合，企业应通过测算找出匹配度最高的组合方式。

2.5.3 分配结构与分配方法设计

薪酬分配，并不是简单地分配企业的利润，而是通过正确的分"蛋糕"方式，让员工多劳多得，让企业做大做强。合理的薪酬制度，既能控制企业成本，又能确保员工被激励，为此，企业必须重视分配结构与分配方法。

企业在进行分配结构设计时，不能局限于解决眼前问题，而是要放眼未来，制定适合企业发展目标的分配方法。分配方法的频繁调整、改变，会造成员工个人利益受损，同样容易导致企业动荡不安。

企业的岗位大致可以分为三类，分别是业绩责任岗、专业能力岗和支持服务岗，即常说的三类岗位。这三类岗位的薪酬主要由基本工资、提成和年终奖构成。不同企业应根据生产特点，在该基础上进行优化。其中，基本工资对应员工的责任、提成对应业绩，而年终奖则对应员工的行为，主要为价值观。

以下是三类岗位的分配结构与分配方法。

（1）业绩责任岗。业绩责任岗主要是销售岗位，针对这类岗位的员工，企业主要应对其销售业绩指标加以量化。为激励他们创造更好的业绩，基本工资所占比例要相对低，奖金所占比例要相对高，即销售人员的收入来源主要是业绩奖金。

某企业销售人员的基本工资、提成、年终奖的比例为 1 ： 7 ： 2，即基本工资占 10%，提成占 70%，年终奖占 20%。假如某销售岗位年薪为 30 万元，那么基本工资就是 3 万元，每个月 2500 元，提成为 21 万元，年终奖为 6 万元。

（2）专业能力岗。担任专业能力岗的员工通常是技术人员，这部分人员较少直接面对客户，因此提成所占比例较少甚至为零，但他们是整个企业的技术支柱，会在很大程度上影响企业的经营效益。因此，专业能力岗的基本工资比较高。

若企业想激励技术团队更好地工作，需要将提成占薪酬的比例适当提高。通常而言，专业能力岗的基本工资与年终奖的比例为 8 ： 2，无提成；需要对业绩负责的，基本工资、提成与年终奖的比例有时也为 8 ： 1 ： 1。

（3）支持服务岗。支持服务岗指后勤、行政、财务等岗位。这部分人员不直接创造业绩，但维持企业正常运转。为了激励支持服务岗人员更好地投入工作，其基本工资占比普遍很高，一般没有提成，常见的基本工资与年终奖的比例为 9 ： 1。

2.5.4　人力成本控制

在企业的不同发展阶段，人力成本占收入、利润的比例有很大差异。

在企业发展初期，经常采取以投资促发展的经营策略，导致人力成本会不断升高。随着企业规模不断扩大而进入成熟期后，人均效能不断提升，使人力成本趋于稳定。当企业平稳发展直至衰退时，企业为赚取利润开始向别处投资，就会开始重视人力成本控制。

一般来说，企业进行人力成本控制时，会经过多个步骤，图2.5-3所示为实施人力成本控制的步骤。

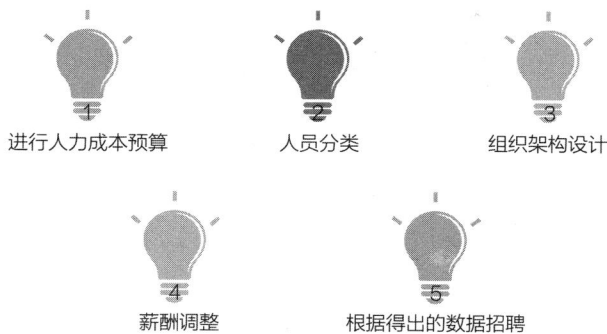

进行人力成本预算　　　人员分类　　　组织架构设计

薪酬调整　　　根据得出的数据招聘

图2.5-3　实施人力成本控制的步骤

1. 进行人力成本预算

控制人力成本并非大众所理解的解聘、裁员等行为，而是根据人力成本预算进行人力资源管理。

没有预算的控制是压榨，效果会适得其反，甚至出现企业无人可用的现象。因此企业为了合理控制人力成本，必须先做好人力成本预算，常见的预算方法有两种，分别是历史数据推算法和损益临界推算法。

（1）历史数据推算法。历史数据推算法是根据企业或行业中的人力成本率与销售额的乘积来推算人力成本预算的方法。

（2）损益临界推算法。损益临界推算法是借助财务力量，根据变动成本、固定成本、临界利润等概念，计算出企业损益的临界点，再根据人力成本率推算出人力成本预算的方法。

2. 人员分类

企业根据行业特点与战略规划，对员工的职务类别和等级进行细分，并且赋予各个类别不同的工资权重或比例。

3. 组织架构设计

组织架构设计的目的是进行定编推算，对岗位进行删减或优化，尽量让组织运行效率达到最优。

组织架构确定后，就可以进行定岗、定编、定员了，这时企业也能估算出大致的人力成本了。

4. 薪酬调整

定岗、定编、定员后，每个岗位的人员都有了具体的薪酬参考标准，企业便可以根据这个标准对员工工资进行调升或调降。通常而言，企业在调升工资时需要参考物价指数。例如今年的物价指数上涨了 5%，如果企业打算调升工资，便可以参考这个数值。

5. 根据得出的数据招聘

用人部门招聘时，需经过人力资源部门的批准，这是由于人力资源部门对企业、部门、岗位的人数要求及预算有明确的标准，如果违背人力资源部门的建议强行招人，有可能会破坏整个企业的人力成本控制体系。

2.5.5　分配的周期及发放规则

在企业，面向员工个体的薪酬分配结构一般由基本工资、提成、奖金等部分组成，但综合考虑业绩、员工激励、企业财务状况等因素，有些分配内容不能马上发放，因此需要确定分配周期和发放规则。

分配周期主要解决什么时候发的问题，发放规则解决怎么发的问题，两者一般是紧密联系的。除了基本工资按月发放外，其他分配内容会因企业业务特点不同导致分配周期不同。

企业分配周期及发放规则主要有以下几种类型。

（1）月度分配。销售周期较短的行业，如快消品、电商，其提成和奖金一般会按月进行分配，类似分配方式可以使员工快速获得正反馈，从而提高工作积极性，促进企业发展。

（2）季度分配。对于在短时间内难以计算和衡量劳动成果的岗位，例如中高层管理岗位、技术研发岗位等，其考核周期一般是季度，因此这些岗位人员的基本工资、提成、奖金等一般按季度发放。

（3）年度分配。年度发放的薪酬部分中，最典型的是年终奖，还有一些以年度绩效作为考核目标的企业，其奖金也按年度发放。另外，大部分企业在销售的过程中，允许的最长账期往往是一年，销售收入提成也按年度分配。

（4）长期分配。所谓长期，指一年以上的时间。在销售周期长的行业中，产品金额大、业务时间长，企业通常是在回款后才会发放奖金或提成。对于中高层管理人员，为了留住他们，企业常以奖金或分红的方式给予激励，而分红则分不同时间段发放。

某高层管理人员由于业绩突出，企业给予其每年3%的流水奖励，其中奖金的50%年底发放，剩余的50%在次年6月、12月发放。

2.5.6 分配的取消、退出规则

一些企业为了激励或留住核心人才，会通过股权分红的形式让员工和企业成为利益共同体，以此推动企业持续发展。

股权分红与企业利益息息相关，企业在给员工分红时，一般会约定退出机制，这样不仅能避免无谓的争议，也能保障员工和企业的利益。分配的取消和退出条件，如图2.5-4所示。

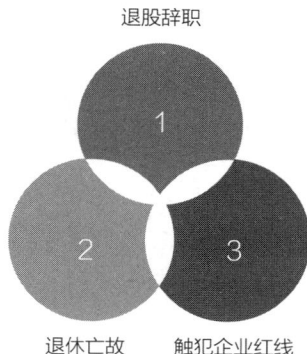

图2.5-4 分配的取消、退出条件

1. 退股辞职

给予员工股权分红的目的是激励员工，员工退股辞职后，理所当然不再享受企业的分红。但也有少数企业，为了感谢员工的贡献，会在员工退股辞职时给予一定补贴。

2. 退休亡故

一般来说，激励对象达到退休年龄退出企业后其享有的股权分红也会自动取消，但企业可以以约定的价格回购其股权，约定的价格通常是授予价格加上一定的年化收益或股权市值，再加上一定的年化收益。若激励对象亡故，其合法继承人可继承股权。但是，公司章程另有规定的除外。

3. 触犯企业红线

如果员工触犯企业红线，对企业的利益或声誉造成巨大损失，企业有权直接收回授予的股权，并不再分红。企业对红线的规定具有高度的自主权，以下为常见的企业红线规定。

（1）激励对象违法乱纪，致使自身或企业遭受刑事处罚。

（2）激励对象失职、渎职对企业造成巨大损失。

（3）激励对象违反合作协议，与企业发生同业竞争。

（4）企业董事会认定的其他恶性情形。

2.5.7　分配机制与激励方案案例剖析

A 公司是智能家居行业少有的集研发、生产、销售于一体的企业，多年的深耕与发展，使得企业不仅有业内领先的工程师，还有多名互联网精英。在众多人才的努力下，A 公司产品的市场反响良好，A 公司逐渐居于行业领先地位。

迅速发展的同时，A 公司的问题也开始暴露。A 公司自从成立以来，除销售部门外，一直采用"固定工资＋年终奖"的薪酬结构。年终奖的金额主要参考年度绩效考核，但 A 公司对年度绩效考核并没有严格的量化标准，一般都是上级领导口头评价，很多对公司有突出贡献的员工薪酬多年没有改变。大家为此有很多怨言，甚至产生了"干多干少一个样"的思想，大部分员工的工作积极性越来越低，工作效率也大打折扣，A 公司经营每况愈下。

近两年，智能家居行业竞争激烈，产品同质化严重。为了发展，A 公司不得不大量招聘优秀的研发人才，现金流压力使 A 公司招聘面临尴尬境地：如果给出的薪酬没有竞争力，就无法找到合适的研发人才；但如果给出高额的薪酬，又会给公司现金流造成更大的压力。A 公司因此举步维艰。

内部人才工作效率低、招聘难、现金流压力，成为制约 A 公司进一步发展的三大难题。创始人王总对此束手无策，于是召开了股东大会，希望各位股东集思广益，为公司的下一步发展出谋划策。经过各位股东商议，大家一致决定寻求咨询机构 B 的帮助，对公司的分配机制和激励方案进行调整。

咨询机构 B 在对 A 公司进行深入考察后，建议 A 公司给予员工分红或使用其他形式的长期激励方式，并建议根据不同岗位制定明确的绩效考核制度，将员工的薪酬分配与绩效考核直接挂钩。A 公司按照咨询机构 B 的建议严格执行，员工的积极性大大提高，并吸引到了大量优秀人才，A 公司重新焕发生机，很快又回到了行业领先地位。

从这个案例中，可以看出分配机制对一个企业的重要性，以下为对 A 公司的问题分析及解决方案。

1. 问题分析

从 A 公司的案例中，可以看出其薪酬结构存在以下问题。

（1）分配机制没有激励性，员工工作积极性差。A 公司原本使用"固定工资＋年终奖"的薪酬结构，对于员工来说，固定的薪酬完全没有激励性，干多干少都是一样的工资，长此以往，工作效率会大大降低。

（2）公司无法给出有竞争力的薪酬，人才招聘难。A 公司的进一步发展需要大量的研发人才，但由于现金流压力大，无法给优秀人才开出有竞争力的薪酬，公司发展因此受限。

（3）绩效考核没有严格的执行标准。A 公司的绩效考核没有严格的执行标准，以上级领导的口头评价为主。这样的方式过于主观，很容易使员工感到不公平，而且考核结果只与年终奖有关，没有浮动薪酬机制，员工会因此不重视绩效考核。

2. 解决方案

合理的薪酬分配方案不仅可以提高员工的工作积极性，还有利于企业广泛吸纳人才。上述案例中，A 公司主要从以下两个方面进行改善。

（1）设计合理的薪酬激励方案。A 公司原有的薪酬分配方案对内无法提高员工积极性，对外无法吸引优秀人才。考虑到 A 公司目前有现金流压力，无法给予员工高额的薪酬，因此比较好的方式是采取分红的形式进行激励。

（2）将绩效考核与薪酬分配直接挂钩。如果绩效考核只与年终奖有关，对于员工来说很难起到激励的作用。绩效考核的目的是端正员工的工作态度，提高工作效率，因此可以将绩效考核与员工薪酬直接挂钩，例如绩效考核连续三个月达标则涨薪，这样的方式更有利于管理员工的日常行为。最为重要的是，不管采取何种形式的绩效考核，都应有严格的考核标准，上级领导口头评价不够客观，有违薪酬分配制度公开透明的原则。

第 3 章
薪酬概述及薪酬方案设计

　　毫不夸张地说，企业发展成败的关键在于薪酬管理。薪酬是企业最活跃、最具潜力和价值的有形资源，薪酬管理水平的高低、方案设计的优劣，将直接决定企业的现在和未来。那么，什么是薪酬、影响薪酬的主要因素有哪些、薪酬设计体系如何建立、薪酬方案怎么设计等都应是每个企业管理者必须考虑的深层次问题。本章将重点围绕这些问题进行阐述。

3.1 企业薪酬管理

薪酬管理，是企业人力资源管理的重要内容，是推动企业目标实现和员工内部激励的重要因素，要了解企业的薪酬管理，必须首先准确理解和把握薪酬的概念、本质及其影响因素。

3.1.1 什么是薪酬

薪酬通常指的是员工向企业提供劳动后所获得的各种直接和间接经济收入，是企业支付给员工的劳动报酬。

薪酬，一般包括直接经济性薪酬、间接经济性薪酬和非经济性薪酬三大类型，如图 3.1-1 所示。

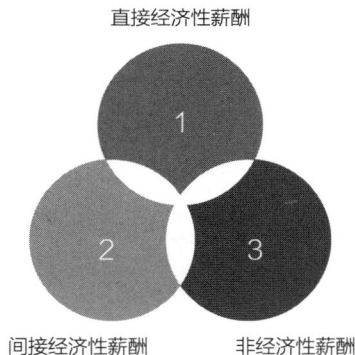

图 3.1-1　薪酬的三大类型

1. 直接经济性薪酬

直接经济性薪酬，是指企业依据标准直接采取货币形式向员工支付的酬劳。

（1）对普通员工来说，直接经济性薪酬具体包括工资、奖金、津补贴等，具体如下。

①工资是薪酬的主要形式，是指企业依据国家法律规定和劳动合同等，以货币形式直接向员工支付的劳动报酬，一般包括固定工资（如基本工资、工龄工资等）和浮动工资（如加班工资、计件工资等）。

②奖金是薪酬的补充形式，是企业对员工超额劳动部分或业绩突出部分给予的激励性货币奖励，其形式灵活多样、具有不确定性。

③津补贴是薪酬的辅助形式，是对员工在特殊条件下（如假期工作、高温作业、高空作业、污染环境作业、井下作业、水下作业等）付出额外劳动而给予的对应补偿。

（2）对中高层管理者来说，除工资、奖金、津补贴外，薪酬还包括股票期权激励等，这些往往也在直接经济性薪酬中占有比较大的比例。

2.　间接经济性薪酬

间接经济性薪酬，是指企业给员工提供的各种物质福利，通常情况下不直接以货币形式发放给员工。间接经济性薪酬具有普遍发放性，通俗地说，就是"人人有份"。

这类经济性薪酬通常包括住房公积金、养老保险和医疗保险等各种社会保险、带薪休假、员工培训、节假日礼品发放及公共福利设施享用等，能给员工带来生活上的便利，减少员工额外开支，同时在一定程度上消除员工后顾之忧。

3.　非经济性薪酬

今天，企业员工的物质需求正在得到更为充分的满足，随之而来的是精神需求的日益增长。非经济性薪酬也日益受到企业员工的欢迎。

非经济性薪酬，通常称为全面薪酬，是指无法采取货币形式直接表达现金价值，而是利用其他方式衡量其意义的回报要素。

非经济性薪酬有三个主要来源，即工作本身因素、工作条件因素及价值实现因素，具体如下。

①工作本身因素，包括选择感兴趣、有挑战性的工作，参与企业管理、培训等。

②工作条件因素，包括良好的工作氛围、愉悦的工作环境和舒心的生活条件等。

③价值实现因素，包括社会地位提高、个人职级晋升、理想抱负实现等。

3.1.2 薪酬的本质、特征与3种价值创造

如何才能让企业现有的薪酬管理更科学、合理？这就需要真正理解薪酬的本质及特征。

1. 薪酬的本质及特征

正常来讲，企业生产也是一项价值创造过程，企业所有者付出财力、员工付出人力，最终，企业所有者和员工都为了实现各自利益最大化而努力。

因而，薪酬的本质，通常是公平的劳动或劳务关系的价格表现，往往代表的是员工为企业付出劳动或劳务所获得的一般等价物，体现了员工的价值或贡献。薪酬一般具有以下3点特征：

（1）薪酬产生的前置条件是企业和员工之间必须存在劳动或劳务关系；

（2）薪酬反映的主要变化是劳动市场上劳动力供求关系变化；

（3）薪酬是企业采取法定货币等法定形式定期或不定期支付给员工的劳动报酬，具体数额以劳动法规政策和双方签订的劳动合同等为依据。

2. 薪酬对价值的创造

薪酬在本质上代表利益等价交换，所以无论对企业还是员工而言，薪酬都至关重要。概括地讲，薪酬对价值的创造主要有以下3种。

（1）对员工而言的价值创造。薪酬对于员工来说是十分重要的，其对员工意味着保障，意味着有了生活的经济来源。

①生活保障功能。市场经济条件下，薪酬是员工的主要收入来源，不仅保障员工及其家庭衣、食、住、行等基本生活需要，而且满足员工在娱乐、教育、医疗等方面的发展需求。

②价值实现功能。薪酬是对个人价值实现的回报，反映了员工在企业中的工作业绩，也折射出了员工在企业中的地位和作用，有利于激发员工工作潜能，并

增强员工的成就感和对企业的归属感。

（2）对企业而言的价值创造。薪酬对于企业也十分重要，它能促进企业生产发展，能推动企业管理实现良性循环，能产生很好的激励效应。

①升值功能。薪酬是支付给劳动者的特定酬劳，能有效地为企业经营者和投资者带来高于成本的收益。

②激励功能。薪酬反映劳动者的价值创造水平，是对劳动者工作能力的一种直接评价。薪酬越高，企业中个人或团队的效率和业绩就越高，利于促进劳动力投入再生产。

③团结功能。公平合理的薪酬可以让员工感受到关心和认可，有效提升员工个人行为和组织行为的融合度，持续增强员工和企业间的向心力、凝聚力，塑造并发展良好的企业文化。

（3）对社会而言的价值创造。薪酬是社会中的市场信号和劳动力价格信号，对社会具有优化人力资源配置的作用，有助于推动社会经济健康发展。

①再调节功能。薪酬直接影响劳动力的供求和流向。例如，当某一区域、部门或职业及工种的劳动力供不应求时，会导致这一区域、部门或职业及工种的薪酬水平提高，而随着薪酬增加，往往会吸引更多劳动力。这样，就能有效增加这一区域、部门或职业及工种劳动力的供给，将薪酬维持在适当的水平。

②再协调功能。薪酬也影响员工对职业和工种的评价，协调员工再择业的愿望和再就业的流向。

3.1.3　影响薪酬的 4 种主要因素

薪酬是企业经营中非常重要的激励手段，对企业战略的制定有重要意义，对企业发展效益水平也能产生明显影响。

企业薪酬水平是由诸多因素综合决定的。这些影响因素，概括起来，可分为 4 种：外部环境因素、企业内部因素、团队因素及个人内在因素。

1. 外部环境因素

随着社会经济的整体发展，越来越多企业的规模、效益、体量都在增长，支付给员工的薪酬水平也在逐步提高。一般而言，外部环境因素对薪酬的影响，主要体现在以下 5 方面。

（1）社会劳动生产率水平。社会劳动生产率水平是衡量社会薪酬水平及控制社会薪酬水平的主要手段。通常，劳动生产率越高的地方，劳动者的薪酬水平越高。从总体来看，薪酬的增长应该与全社会劳动生产率的增长保持合理的比例。

（2）劳动力市场的供求关系。在劳动力市场上，劳动力作为一种商品，同样遵循价值规律：供大于求时，薪酬水平会下降；供小于求时，薪酬水平会上升。

（3）地区物价水平。薪酬最基本的功能是保障生活需要，当整个社会的物价呈刚性上涨趋势时，企业支付的薪酬也要相应增加，以此来保证员工的生活质量和收入的相对公平。

（4）竞争对手的薪酬水平。企业除了与竞争对手争夺产品市场外，同时还在争夺劳动力市场。企业如果能提供高于竞争对手的薪酬，则更容易招募到优秀人才。

（5）政策及法律法规。国家层面制定的与薪酬相关的法律法规也直接影响员工的薪酬水平。

2. 企业内部因素

一个企业发展良好、经济效益好、实力雄厚，就意味着其能为提高员工薪酬水平提供稳定可靠的保障。

正常情况下，企业内部因素对薪酬有重要影响，主要体现在以下 3 方面。

（1）企业的生产经营状况。企业的生产经营状况直接决定了企业的薪酬支付能力，生产经营状况较好的企业，员工薪酬水平相对稳定且有增长。

（2）企业的行业属性。企业的行业属性同样影响员工薪酬水平，如传统的劳动密集型行业，员工主要从事简单的体力劳动，可替代性强，薪酬一般较低。如果是高新技术或资本密集型企业，则需要高素质的专业化技术员工，其大多会获得较高的薪酬。

（3）企业的生命周期。企业在不同的发展阶段（如初创期、成长期、成熟期、稳定期、衰退期、再造期），其经营战略和内外部竞争环境是不同的，所以向员工提供的薪酬水平也不同。

3．团队因素

团队因素影响企业的目标追求、价值取向和分配思想，同时决定了企业在薪酬模型、分配机制方面的不同，由此对企业的薪酬水平产生间接影响，主要体现在以下 3 方面。

（1）团队文化。团队文化能对企业薪酬分配发挥重要的影响作用。

（2）工会作用。企业工会是代表员工和管理层进行集体谈判的机构，谈判内容（包括工作时长、休息休假和劳动保护等事项）及人员谈判能力等影响薪酬。

（3）团队责任。企业会根据任务重要程度和复杂程度设置不同类型的团队，通常来说，团队越是靠近组织结构的上端，承担的责任越大，团队成员的薪酬也越高。

4．个人内在因素

薪酬与员工切身利益紧密相关，关系员工及其家人的生存和发展，员工个人内在因素也会对薪酬产生关键性影响。这些影响主要体现在以下两方面。

（1）工作表现。员工个人的工作表现，通常与绩效奖金相关，个人绩效水平的高低，能直接影响薪酬水平的高低。

（2）工作资历。企业的薪酬水平与员工的工作资历（如工作年限、工作技能等）也有一定的关联。工作资历对薪酬水平有正面影响，比如很多企业通过制定工龄工资稳定员工队伍、降低流动成本。

3.2　薪酬设计体系

薪酬设计是薪酬管理的重要组成部分，也是企业进行人力资源管理的重难点，它直接影响员工的工作态度及行为。进行薪酬设计时，企业需要全面考虑，实现多方均衡。

3.2.1 薪酬设计的 4 个原则

不同的企业可以有不同的薪酬设计体系，但不论选择哪种类型的薪酬制度，都需要严格遵循 4 个基本原则，如图 3.2-1 所示。

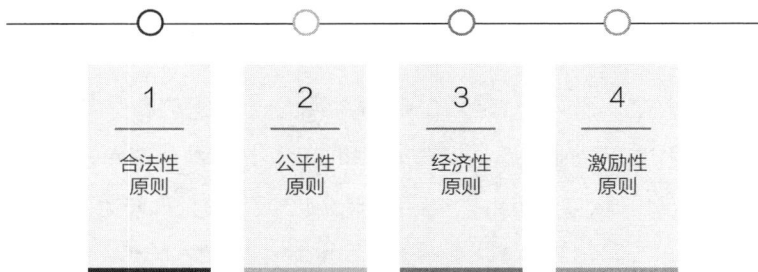

图 3.2-1　薪酬设计的 4 个原则

1. 合法性原则

合法性原则是每家企业进行薪酬设计的前提和基础。国家及各级政府制定的有关政策和法律规定是制定薪酬政策的基本依据，也是员工权益的有力保障。

在我国，《中华人民共和国劳动法》《最低工资规定》等一系列法律法规，对工资平等、最低工资、加班工资、社会保险等事项都做出了规定。所有企业在进行薪酬设计时，都必须严格遵守以《中华人民共和国劳动法》为基准的各项法律法规，不能有疏忽，更不能故意违反。

2. 公平性原则

公平理论对企业的薪酬设计有重要影响。公平性原则（或一致性原则）是企业薪酬设计和实施薪酬管理的首要原则，一般包括内部公平和外部公平两个方面的内容。

（1）内部公平。内部公平通常指向企业内部员工的心理感受，主要围绕两点实现。第一是员工所付出的努力、所做出的贡献及所取得的业绩要与自己所获得的薪酬匹配。第二是企业内部承担相同工作或能力相当的人，他们对所得薪酬是认可的。

（2）外部公平。外部公平指与企业外部从事类似工作的人相比，本企业所提供的薪酬是具有竞争力的，这是企业招引、保留优秀人才的重要手段。因此，企业在进行薪酬设计时还要注意市场中的竞争企业，要参考薪酬调查结果，科学制定本企业的薪酬设计方案。

3. 经济性原则

经济性原则强调企业进行薪酬设计时必须考虑两方面导向。一是必须从企业发展战略的角度进行分析，制定的薪酬体系应充分符合企业发展战略的要求。二是必须充分考虑企业自身发展的特点和支付能力，这包括短期和长期两方面：从短期来看，企业的收入扣除非人工费用和成本后，应当能支付企业所有员工的薪酬；从长期来看，企业在支付所有员工的薪酬及补偿所有非人工费用和成本后，应当有盈余，以追加和扩大投资，实现企业的可持续发展。

4. 激励性原则

激励性原则指企业通过制定公平合理的薪酬政策，来激励员工的工作行为，取得优异的工作绩效，这是进行薪酬设计的重要目的。

按照激励理论的观点，不同的薪酬设计组合对员工产生的激励效果是不一样的。在设计中，既要在确保企业内部职务之间的薪酬水平合理的基础上，适当地拉开薪酬差距，以此鼓励员工提高业务能力，创造优良业绩；也要注意企业支付给员工的薪酬并不是越多越好，不是薪酬越多员工便越积极努力，也不是薪酬越多员工便越认可企业。

高明的薪酬设计方案，应当把钱花在刀刃上，使薪酬支出的成本产生较高的收益。

3.2.2 薪酬设计的 3 个核心问题

一个设计良好的薪酬体系应该与企业的发展战略相适应，有利于实现内部公平性并具有一定的外部竞争性；同时，也应能形成激励效应，有利于充分发挥薪酬的激励和引导作用，为企业的生存和发展发挥重要的保障作用。

薪酬设计是一个系统工程，需要专业的工具和方法，要做好薪酬设计，必须解决好以下 3 个核心问题。

（1）内部一致性与薪酬比例。如何科学、合理地设计不同岗位薪酬之间的差距，是企业管理者面临的巨大挑战。尤其是评价标准的内部一致性，是影响不同岗位薪酬水平的重要因素，决定着员工的内部公平感。

那么，何为内部一致性？

内部一致性，是指薪酬结构与组织层次、职位设计之间形成的对等、协调关系。

例如，我们应如何看待销售人员和研发人员对企业的贡献呢？如果进行主观评估，很可能永远不会有准确的答案。销售人员会强调自己常年出差，需要应对各种突发情况。而研发人员则会强调自己加班加点、耗费心血，为了产品的质量提升而努力。在评估人员看来，双方可能均有自己的道理，无法用其中一方的观点去否定另一方的辛苦付出。

为此，需要通过采取岗位评价等方式来解决内部一致性的问题。

（2）外部竞争性与薪酬水平。薪酬设计过程中，企业应密切关注外部竞争性，这是薪酬策略的核心内容，往往决定着优秀员工的去留。

那么，何为外部竞争性？

外部竞争性，是指企业依据同行企业向员工提供的薪酬水平，对本企业的员工薪酬在可承受的范围内进行定位。外部竞争性会决定薪酬目标的公平程度和效率水平。企业确定薪酬水平时，应确保员工在跟同行业企业员工的薪酬相比较时内心感觉差异不大，即让员工充分感觉到外部公平，否则就无法激发员工的工作热情。同时，企业也应通过促进薪酬水平的提升，为自身带来更大的价值。而这一切，都需要将薪酬与效益挂钩。

外部竞争性问题主要体现在薪酬水平上。企业应根据当地市场薪酬水平以及竞争对手薪酬水平，参考当地经济发展条件以及同行业的平均薪酬水平，来决定企业自身的薪酬水平，并通过薪酬调查等方式来解决外部竞争性问题。

同时，企业还应密切关注核心业务岗位的市场薪酬水平，如果核心业务岗位薪酬水平过低，企业薪酬策略又不得当，则会面临较高的优质员工流失风险。

（3）员工贡献度与薪酬构成。薪酬不是根据管理者的主观判断而定的，而是根据员工的贡献度而定的，这有利于进一步激发员工的最大潜能，并形成良性循环，让员工为企业创造更多的财富。

员工贡献度，通俗而言即员工为企业发展所带来的价值贡献，这种贡献往往体现在员工工作业绩、销售收入等方面。企业对高绩效的优秀员工进行有倾斜的薪酬激励，将有利于端正其工作态度和提高其贡献度。

实际操作中，对员工贡献度的衡量，容易受平均主义导向和工作业绩导向的双重影响。例如在某些企事业单位中，员工的收入和其对单位的贡献是没有太大关系的。在某些成长型企业中，员工会因业绩压力大，为企业带来的价值小，而被企业辞退。

薪酬构成是根据员工贡献度而定的。不同薪酬制度有不同的薪酬构成元素，例如，有的企业是绩效工资制，有的企业按职级定薪，有的企业则选择双轨制。一般而言，无论实行何种工资制度，薪酬都可分为固定薪酬和浮动薪酬。固定薪酬占主导还是浮动薪酬占主导，是薪酬设计中很重要的问题。例如，在很多企业中，固定薪酬占高管收入的很小部分，而基层员工的收入则以固定薪酬为主。

3.2.3　薪酬设计追求的 3 种公平

一个设计和执行良好的薪酬体系，能推动企业的长远发展和战略实现，并与企业的战略规划相匹配，以确保平衡各方利益，保证各环节公平。

通常而言，企业的薪酬设计应符合 3 方面的公平性，即外部公平性、内部公平性和个体公平性。

（1）外部公平性。在现代市场的薪酬设计竞争中，企业应努力追求的外部竞争性是形象直观的概念，即当企业员工将自身薪酬与行业外、企业外的人员的薪酬进行比较时，其能感受到的企业薪酬水平。企业在市场上的竞争力很大程度上与外部公平性相关，而企业能通过有效的岗位价值评估来提升外部公平性。

外部公平性的高低，可作为整体标准供企业参照。从企业的角度而言，薪酬竞争力与外部公平性的关系，重点体现为关键岗位员工的感受，而并非所有员工的感受。

H企业是一家行业标杆企业，其薪酬水平处于同行中的领先地位。但这家企业并不要求销售岗位上的员工必须是最优秀的。这是因为该企业将研发岗位作为外部公平性考虑的重点，以产品质量打造核心竞争力，而对于销售岗位则更重视员工的正常成长。

实际上，大多数企业都更注重将钱花在刀刃上，力求在关键岗位上实现更高的外部公平性。当然，从挽留人才的角度出发，企业内非关键岗位的薪酬水平，也不应比市场水平明显偏低。

在当下，将某家企业的员工平均薪酬水平，直接与另一家企业的员工平均薪酬水平进行比较的意义已经越来越小。基于外部公平性的比较，应更多地集中在同行业不同企业的类似岗位上，甚至要落实在类似资历、能力和业绩的员工上，而不能只是简单地停留在企业员工平均薪酬层面上。

（2）内部公平性。薪酬设计，不患寡而患不均。衡量企业薪酬设计水平的重要标准就是薪酬结构体系是否具有足够的内部公平性。相对于薪酬所具有的单纯的外部竞争力，员工往往更乐意选择那些薪酬结构具有充分内部公平性的企业。

内部公平性，指企业内各岗位的薪酬标准，应充分匹配该岗位对企业所贡献的价值。对企业贡献价值高的岗位，薪酬水平也应相应较高。

内部公平性应体现在岗位价值、实际能力、绩效以及薪酬调整程序的公平性等4个层面，主要通过内部薪酬调查结果来体现。

此外，由于某些企业实行薪酬保密制，员工缺乏必要的外部薪酬信息作为参考，员工对企业内部的薪酬设计更为关注，尤其关注和自身相同或相似岗位的薪酬状况。因此，企业管理层要高度关注内部公平性。

（3）个体公平性。企业薪酬设计的内部公平性，主要解决薪酬与岗位在价值上的匹配度问题；相应地，个体公平性则主要解决薪酬与岗位业绩的对应问题。个体公平性将直接影响到企业对员工的激励效果。

个体公平性，指员工薪酬水平的差异，应与其在同一岗位上的业绩差异对应。个体公平性主要包括两个方面的含义。一方面是业绩优秀的员工薪酬，应比业绩差的员工薪酬高；另一方面是员工业绩表现良好的时候，其薪酬水平要比表现不佳的时候高。个体公平性问题，通常需要采用绩效考核方式加以解决。

正常而言，薪酬个体公平性的解决方法出现问题，就很可能导致不管员工业绩高低、态度好坏、付出多少都能拿到相同薪酬，谈不上充分调动员工工作的积极性。为了解决企业薪酬激励的问题，必须在管理中突出个体公平性，否则极容易导致内部矛盾，而且难以采用沟通协调等低成本方式加以解决。即便企业愿意为解决问题承担更多成本，满足员工对个体薪酬激励的要求，但由于矛盾已催生了负面情绪，很容易对员工未来的工作产生不良影响。

3.2.4　岗位薪酬绩效咨询的 3 个阶段及其内容

了解完薪酬设计需把握的原则和核心问题等后，我们意识到企业在进行薪酬设计时，应以企业的长远发展为追求，以薪酬激励的相关知识为基础，以激励员工奋进努力为出发点，以促进企业的发展壮大为落脚点。因此，薪酬设计不仅要科学合理，还应建立在岗位薪酬绩效咨询的科学成果上，这样才能有效促进企业和员工之间的良性互动，实现共赢。

那么，岗位薪酬绩效咨询的主流形式是什么？我们在调查实践中发现，很多企业进行的岗位薪酬绩效咨询，主要集中于咨询岗位价值和业绩导向两方面内容，即岗位薪酬绩效的具体调查。在岗位薪酬绩效咨询中，咨询团队针对企业员工的具体工作形式，根据其完成的业绩、承担的具体责任、具备的技术水平、承担的劳动强度和面对的风险等，综合确定不同岗位的绩效。

岗位薪酬绩效咨询的任务，在于帮助管理层认识到不同岗位的具体运行情况，借此确定薪酬总量，并以员工在不同岗位上产生的工作业绩为依据，向他们支付劳动报酬。通过岗位薪酬绩效咨询，企业能有效将人事管理与薪酬评估紧密结合。

咨询团队如何进行岗位薪酬绩效咨询？具体应包括如下 3 个阶段的内容。

（1）梳理工作岗位，进行岗位价值评估。咨询团队应将企业整体目标分解，对岗位具体的划分依据加以明确，从而评价岗位的工作职责是否必要、工作关系是否合理等。在此基础上，咨询团队应着眼于岗位工作效率的提升和岗位之间工作流程是否顺畅，梳理出适应企业发展的工作岗位，以此形成岗位绩效任务清单和岗位说明书。

依据岗位绩效任务清单和岗位说明书，咨询团队应明确岗位价值评估的工具，以企业内部或外部专家评审组的形式，对不同岗位的价值进行具体分析评估。如果企业认为自身能力、资源、资质不足，就应考虑邀请外部人员参与、培训和指导，而不是一味依靠内部人员。

（2）通过对岗位进行类别和级别的划分，来设定薪酬水平。咨询团队应首先对岗位加以横向划分，随后根据不同类型岗位的价值，依据已有的纵向分级标准，对岗位级别进行划分。最后，结合岗位在横向和纵向上的重叠幅度，对岗位价值进行调整，从而设定薪酬水平。

通常而言，咨询团队在对岗位分类分级时，应着重考虑多方面平衡要素，既要注重不同职系岗位之间的公平性，也要注重同类职系岗位之间的公平性。

（3）调整不同级别岗位之间的薪酬差异水平。薪酬差异水平的设定，要充分考虑现有薪酬策略的特点，也要注重外部薪酬水平带来的影响，从而有效保证企业岗位薪酬对外的竞争性、对内的公平性，确保企业薪酬具有充分吸引力，避免企业员工流失。

3.3　薪酬方案设计

在全球政治、经济、社会局势愈发复杂的大背景下，企业在经营中面临的竞争压力也越来越大。现代企业需要根据自身发展情况和员工特点，明确员工需求，尽早设计和制定科学合理的薪酬方案，有效提升员工的积极性和主动创造性，提高企业的竞争力。

薪酬方案的设计并非单向过程，而是内外平衡的过程，主要包括制定薪酬策略、岗位价值评估回顾、对外薪酬调查、分级定薪、薪酬结构设计、薪酬制度设计、员工薪酬套档、设计薪级岗位对照表等 8 个步骤。

3.3.1　制定薪酬策略

在企业人力资源战略的设定、推进、执行过程中，薪酬策略无疑是不可或缺的部分，是企业进行薪酬设计的基础，在薪酬设计中起着指导的作用。

1.　薪酬策略需包含的 4 方面内容

一般而言，薪酬策略所涉及的内容包括薪酬水平、薪酬结构、薪酬构成、薪酬支付、薪酬调整等，制定薪酬策略就是根据企业确定的薪酬目标对上述内容进行明确的过程。薪酬策略需包含的 4 方面内容如下。

（1）企业倡导的薪酬分配理念，包括如何认识企业收入与员工个人、组织业绩的关系等，也包括如何认识不同岗位之间、相同岗位各任职者之间的薪酬不同，薪酬等级间差异的大小，工资、奖金与福利的分配比例等。

（2）对员工本性及需求的认识，对员工总体价值的评价以及对管理骨干、高级专业人才所起作用的估计。

（3）与同行业相比，企业应采用何种薪酬标准。

（4）在具体管理中，企业应如何对待员工薪酬调整等问题。

2.　制定薪酬策略需考虑的因素

在制定薪酬策略过程中，需考虑多方面因素。图 3.3-1 所示为制定薪酬策略需考虑的因素。

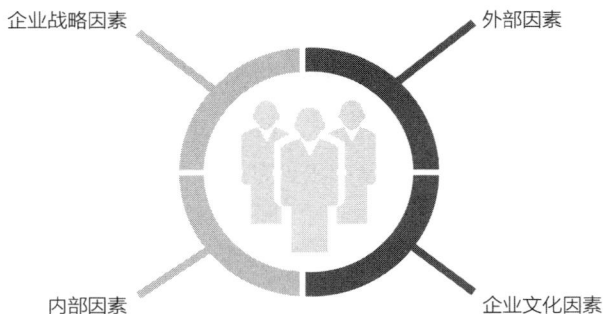

图 3.3-1　制定薪酬策略需考虑的因素

（1）企业战略因素。企业战略因其性质不同可分为保守型、平稳型、激进型三种。如果一个企业采取保守型战略，则它通常不会制定竞争力较高的薪酬策略；当一个企业采取平稳型战略，则它通常会采取跟随型薪酬策略；而当一个企业采取激进型战略，它一般倾向于采取领先型薪酬策略，以此吸引更多优秀的员工，确保企业能获得核心竞争优势并予以保持。

此外，企业还有必要依据所处的发展阶段制定薪酬策略。在不同阶段内，企业制定薪酬策略的重点不同。例如，在企业的创业阶段，其薪酬策略制定重点主要为易操作性。在企业的成长阶段，其更关注薪酬策略的激励作用。而当企业成熟后，则更关注薪酬策略的公平性。

（2）外部因素。外部因素，主要包括同行竞争、政策法规两大因素。同行竞争因素包括劳动力资源市场的变化、竞争对手的薪酬水平、企业所在地域的生活消费水平和物价水平等；而与薪酬相关的政策法规因素，主要包括当地最低工资标准、强制缴纳的社会保险的种类以及缴费比例、对加班付薪的规定和工资指导线等。

（3）内部因素。正常而言，员工的薪酬是建立在企业的经营之上的，如果企业盈利能力不足，现金流压力较大，不应采用过高的薪酬水平。企业制定薪酬策略时，应考虑企业特征和支付能力的影响，特别是企业支付能力，其与薪酬策略的制定直接相关；同时内部员工收入差距也不宜过大，以保持员工队伍稳定。

（4）企业文化因素。企业文化与企业薪酬的分配理念息息相关，也影响着员工的薪酬价值观、目标等，并长远影响着企业的人才价值观。企业文化不同，会直接导致薪酬策略的差别。比如，企业若崇尚激烈竞争，薪酬策略会更关注外部竞争性，内部薪酬的差距较大，体现多劳多得。

3.3.2　岗位价值评估回顾

企业管理过程中，薪酬设计是非常重要的举措。当企业管理人员进行具体的薪酬设计时，岗位价值评估往往是首先需要完成的工作。对岗位进行价值评估，是开展薪酬设计的重要步骤，也是企业实现内部公平的根本前提和依据。

而岗位价值评估的效果，直接关系到企业薪酬管理的成败。鉴于岗位价值评估如此重要，企业开展岗位价值评估回顾就显得十分必要，其意义主要如下。

（1）有利于确定岗位价值标准。现代企业薪酬制度，通常更重视"以岗定薪"，即根据岗位的相对价值来确定对应的薪酬水平。有效回顾岗位价值评估，分析岗位相对价值，有利于确定岗位价值标准。

（2）有利于打通员工晋升通道。根据岗位价值评估回顾，可以将岗位划分为连续的等级，形成岗位价值序列结构，促使员工明确自身在企业中的位置，便于员工理解职业发展和晋升途径，引导员工朝更高的目标努力。

（3）有利于构建和谐劳资关系。进行岗位价值评估回顾，能推动企业管理者和员工正视薪酬设计中的短板，形成有效解决方案，从而促进管理者和员工就企业内部岗位价值达成共识，有助于构建被员工高度认可和满意的薪酬结构。

3.3.3　对外薪酬调查

随着现代互联网的普及，人才市场的竞争也日趋激烈，企业难以规避同行业薪酬信息对员工的影响，难以避免优秀员工因薪酬过低而离职跳槽。面对人才流失的风险，很多企业注意到薪酬体系内部公平性和外部竞争性的重要性，并将其同企业在劳动力市场上的竞争性和吸引力相联系。因此，薪酬调查就成为企业了解自身薪酬水平在市场中所处位置的重要手段。

薪酬调查通常包括两方面的含义：对外是收集市场上同类型或相关竞争企业的薪酬数据并对此数据进行研究分析，形成参考内容；对内则是员工薪酬满意度调查的系统性过程。由于企业进行对外薪酬调查，能清楚掌握同行各企业的薪酬水平，有助于成功进行薪酬设计，因此对外薪酬调查十分重要。

1. 对外薪酬调查的原则

对外薪酬调查过程中，一般要遵循四项原则。图 3.3-2 所示为对外薪酬调查的原则。

图 3.3-2　对外薪酬调查的原则

（1）可比性原则。对外薪酬调查为薪酬设计提供参考，侧重于对标企业、岗位、人员等同质属性。

（2）整体性原则。对外薪酬调查，要统筹考虑薪酬总额与成本支出、岗位薪酬与薪酬结构、薪酬体系与薪酬科目之间的内在联系，进而关注依据对外薪酬调查形成的整体方案以及其对本企业薪酬设计产生的影响。

（3）精准性原则。这是对外薪酬调查工作的核心。要保证调查数据的准确性，首先就要获取权威正确的数据源，继而进行科学的数据加工。

（4）动态性原则。劳动力市场永远处于动态变化中，调查过程中，一要时刻保持对数据的敏感性，二要耐心细致地进行全面分析工作。

2. 对外薪酬调查的方法

一般而言，对外薪酬调查的方法多种多样，常用的有以下三种：资料调阅分析法、访谈法和问卷调查法。

（1）资料调阅分析法，是指企业对从内部和外部收集到的各类信息进行整合、分析和研究。该方法具有成本低、信息量大等优点，但其缺点是信息滞后，而且公开的信息与企业调查目的难以完全匹配。

（2）访谈法，是指通过访谈对象来获得相关的信息数据，访谈可以面对面进行，也可以通过电话、网络等媒介进行。这种方法的优点在于获得的信息比较全面、深入和精准，但也存在成本高、样本量小等不足。

（3）问卷调查法。问卷调查法是对外薪酬调查中经常采用的也是十分有效的方法，具有成本低、样本量大等特点。当然，问卷质量的好坏，会直接关系到调查结果的准确度。

3. 对外薪酬调查的步骤

通过对外薪酬调查，企业能掌握行业变化的趋势，为薪酬设计提供依据，并能检验企业现有薪酬策略的效果，从而为企业未来的改革发展奠定基础。

通常情况下，对外薪酬调查包含以下几个步骤。

（1）选取对标企业。基于对外薪酬调查的可比性原则，对标企业越是精准，数据可读性就越强，参考价值就会越高。

（2）数据收集。数据收集是对外薪酬调查的重要步骤，调查结果的质量会直接受到调查数据的影响。对外薪酬调查的数据来源渠道通常包括咨询公司、调研机构、公司年报、行业交流以及社会取样等。

（3）数据分析。有了准确、可靠的数据，企业管理人员就可以展开相应的分析。根据对外薪酬调查目的的差异，分析时可侧重于以下维度。

①侧重于对人力资源市场的变化趋势进行分析，并围绕整体人力资源成本形成分析结果，为薪酬总额的设计提供参考。

②侧重于对同类企业的薪酬发放项目、所占比例进行分析，为具体薪酬体系的设计提供参考。

③侧重于对各职能关键岗位进行分析，为薪酬结构的设计提供参考。

④侧重于对特定人群及薪酬增长幅度进行分析，为调薪规则的设计提供参考。

（4）结果应用。一般来说，企业对外薪酬调查的结果，主要体现在薪酬报告上。企业通过对市场环境的调查、对不同竞争对手付薪能力的研究，决定自身在人力资源成本上的支出，再根据目前人力资源市场的竞争形势，确定重点从哪些方面提高竞争力。

3.3.4 分级定薪

在薪酬体系的设计过程中，分级定薪相当关键。当企业通过对外薪酬调查，获得了市场上同行的薪酬数据，并对同行业或同类型企业人员的薪酬情况有基本了解之后，就需要将薪酬设计遵循的合法性、公平性、经济性、激励性原则体现到具体操作中。这就涉及分级定薪环节的工作。

分级定薪，一般指企业针对各部门设置的不同类型的岗位，制定与之相匹配的薪酬水平，主要内容是确定薪酬的数值范围。通常通过这一环节，企业就能确定企业内不同岗位的具体薪酬标准，保证岗位员工的个人公平性。

1. 分级定薪的原则

在分级定薪的过程中，管理人员应重点把握以下 3 个原则。

（1）成本补偿性原则。该原则重在确保员工劳动能力的再生产。企业支付给员工的报酬，应能够补偿其在劳动能力形成过程中的经济消耗，即确保薪酬能够满足员工正常的物质需求和精神需求。

（2）效率优先与兼顾公平原则。该原则旨在坚持效率优先的前提下，保证薪酬分配公平，避免员工之间收入悬殊，进而影响员工之间的团队协作。

（3）量力性原则。薪酬增长水平须与企业的劳动生产率增长水平相协调。企业采取适当增加薪酬成本的方式，可以激发员工潜力，为企业创造更多的效益，实现可持续发展。

2. 分级定薪的步骤

企业在确保内部公平性和外部公平性的情况下，可以通过 5 个步骤开展分级定薪工作。

（1）实施薪酬调查。薪酬调查的目的主要是了解其他企业中可比性岗位的薪酬水平，从而确保外部公平性。

薪酬调查主要有两种操作方式：一是明确核心岗位薪酬，企业的一般岗位都要围绕核心岗位来确定位次；二是直接确定具有可比性的岗位薪酬。

（2）岗位评价。岗位评价的前提是准确的工作分析，即通过工作分析判断某一类岗位的相对价值。实践中，岗位评价往往通过对员工所任岗位工作进行全面、正式的比较来开展，其最终确定工资等级或薪酬等级。

（3）将岗位归入对应的薪酬等级。通过有效的岗位评价，能初步确定不同岗位的相对价值，随后对每个岗位确定薪酬等级，使得薪酬结构简单化并易于管理。

（4）为不同薪酬等级定薪，具体的定薪工具是工资政策曲线。工资政策曲线描述每一个岗位或岗位评价等级所得到的点数或者排序情况，运用其的主要目的一般有两种，一种是通过对具体岗位进行评价，以明确岗位价值，另一种是确定企业内部某一薪酬等级所有岗位的平均薪酬水平。

（5）适当调整薪酬水平。企业在保持薪酬结构、等级要素等不变的前提下，需要适当调整薪酬水平，其做法如下。

①调整薪酬结构内每一级别的薪酬区间，以促进企业内部公平性和外部竞争性之间的平衡，促进企业在人力资源市场的竞争力和活跃度提升。

②调整不科学的薪酬水平。企业内部某些岗位的薪酬水平，会显著偏离工资政策曲线，这说明企业对这些岗位的薪酬设计存在失衡，需要加以调整。

3.3.5　薪酬结构设计

薪酬结构是薪酬方案的重要组成部分，企业的薪酬结构必须契合薪酬体系所要达到的目标，即确保企业能够科学、合理地控制成本，同时也能有效激励员工和调动员工的积极性。

薪酬结构能有效反映企业内不同岗位和员工间基本薪酬的对比关系。薪酬结构能反映出企业不同岗位或技能薪酬的等级情况，也能揭示在不同薪酬等级之间客观存在的差距，以及解释企业确定这种差距依据的具体标准。

1. 薪酬结构的组成部分

一般来说，薪酬结构由薪酬等级、薪酬区间和薪酬等级级差等组成。

（1）薪酬等级是薪酬结构的基础。企业针对岗位类型相近的同一等级，采取较为统一的管理方法处理该等级内的薪酬问题。

（2）薪酬区间又称为薪酬幅度、薪酬宽度，是指同一薪酬等级中，薪酬最高值与最低值形成的薪酬变动区间。

（3）薪酬等级级差是指两个薪酬等级的中位值之差的百分数。

2. 薪酬结构的类型

薪酬结构的设计需要充分考虑行业特征、岗位特性、地域特点等多个方面，注重激励性与保障性的平衡，关注岗位之间、等级之间的平衡和差异。从不同角度来看，薪酬结构可以划分为多种类型。

（1）以绩效为导向的薪酬结构，一般也称绩效薪酬制，指的是员工的薪酬主要根据其近期业绩情况来决定，员工的薪酬随绩效的变化而变化。如销售提成制、计件薪酬制等都属于这种薪酬结构。这种薪酬结构具有激励效果好等优点，但会促使员工只顾眼前利益，不重视长期发展，通常适用于房地产等类型的企业或企业的销售部门。

（2）以工作内容为导向的薪酬结构，一般也称岗位薪酬制，指的是员工薪酬主要根据其所担任的岗位的职级高低、重要程度等来决定。

在岗位薪酬制下，薪酬会随着岗位的调整而变化，职务薪酬制即属于这种薪酬结构。岗位薪酬制有较强的稳定性，能有效激发员工的工作热情等，其缺点在于无法充分体现同一类岗位上不同员工做出贡献的差别。

（3）以技能为导向的薪酬结构，即技能薪酬制。在技能薪酬制下，员工薪酬主要根据其实际具备的工作能力与潜力来确定，员工的薪酬随其技术能力的变化而变化。如职能薪酬制、能力资格薪酬制都属于这种薪酬结构。技能薪酬制具有能激励员工技术创新等优点，但也容易导致企业薪酬成本高，通常适用于技术复杂程度高、劳动熟练程度要求高的企业。

3.3.6 薪酬制度设计

对于任何一家企业而言，薪酬制度的重要性都不言而喻。薪酬水平过高可能会给企业造成浪费，而薪酬水平太低又会导致企业无法吸引和保留人才。因此，设计一套科学合理，符合企业发展的薪酬制度就尤为重要。

1. 薪酬制度设计的步骤

一般情况下，典型的薪酬制度设计过程分为六个步骤。

（1）付酬原则与策略的确定。在此步骤中应形成共识，具体包括对员工个体的认识、对员工总体价值的量化，以及对企业管理层和技术团队所贡献价值的正确认知。在该共识指导下，有效形成企业分配薪酬的方法策略。

（2）工作分析与评价。工作分析是进行薪酬制度设计的重要基础和必要前提，它是针对各岗位工作性质和工作范围，对担任该岗位员工所需的知识、技能、经验、学历等进行全面系统的分析，并据此制定岗位说明书的过程。工作评价则是通过有效的工作分析，对岗位的责任内容、风险系数、工作难易程度进行价值评估，促进薪酬水平与工作价值挂钩，以便为制定公平合理的薪酬标准提供依据。

（3）薪酬调查。对外薪酬调查结果是工资制度建立的依据，具体已在前文介绍过，这里不再重复。

（4）薪酬率设计。经过前述阶段，可获得每一岗位对本企业相对价值的排序、层级，促进企业按相同的原则标准确定不同岗位的薪酬，以此保证企业员工感受到薪酬的公平性。在考虑如何保证员工感受到公平性并将其转换成实际薪酬的过程中，离不开薪酬率的设计。

薪酬率，具体是指在企业中不同岗位贡献价值及其对应的实际薪酬之间的比例关系。这种关系通常用薪酬曲线来表示，这样更直观清晰、更易于分析和控制。

（5）分级定薪。分级定薪具体是指薪酬范围及数值的确定，具体已在前文介绍过，这里不赘述。

（6）薪酬制度的执行、控制与调整。在薪酬管理过程中，企业必须严格计划、强化执行、适时调整薪酬制度。合理设计有关薪酬调整的制度规定，是薪酬体系能成功贯彻执行的重要因素。薪酬制度的执行、控制与调整作为薪酬管理的一部分，是保证薪酬体系正常运行和有效调整的一项重要工作。

2. 薪酬制度设计的标准

检验一个企业的薪酬制度是否科学、规范、合理和有效，一般采用以下三项衡量标准。

（1）针对员工的认可度，体现多数的原则，确保绝大多数员工能够接受。

（2）针对员工的认知度，体现明晰的原则，确保绝大多数员工能够理解。

（3）针对员工的满意度，体现等价的原则，确保绝大多数员工能够满意。

3.3.7　员工薪酬套档

为提升薪酬的激励能力，让员工在企业的日常经营中产生更高的工作积极性，企业应根据不同层级岗位性质的差异，区分其承担的工作内容、面对的风险，并坚持收益对等原则，对员工薪酬进行套档设计。那么，何为员工薪酬套档？

员工薪酬套档，顾名思义，是按照一套标准的规则体系，将员工的薪酬套入与之对应的岗位薪酬等级，并在测算每个等级的薪酬数据的基础上，确定员工最终的薪酬档序。

1. 员工薪酬套档的标准

岗位薪酬等级与档序是整个岗位薪酬体系的基础。不同岗位的员工薪酬处在不同等级。企业的岗位薪酬具有宽带薪酬特点，每个岗位的薪酬档序在一定范围内，初始档序称为基准档序。一般情况下，试用期满符合岗位任职资格的员工的薪酬就定在基准档序。

确定员工薪酬等级档序时，需要以基准档序为基础，结合考虑任职者能力素质、资历、技能、业绩等因素。

（1）对同时担任多个岗位的员工，以就高不就低标准确定岗位工资。

（2）对新增设岗位的员工，采用对比法确定等级档序，并经批准后执行。

（3）对于试用期员工，薪酬依据合同约定的标准发放。

2. 员工薪酬套档的调整

一般而言，员工薪酬套档随着岗位的变动而变动，具体包括同等级岗位变动、晋升等级岗位变动和降低等级岗位变动三种情况。

（1）同等级岗位变动，主要有如下情况。

①当新岗位薪酬等级档序高于原岗位薪酬等级档序，那么员工的岗位薪酬等级档序应上调。

②当新岗位薪酬等级档序等于原岗位薪酬等级档序，员工岗位薪酬等级档序则应保持不变。

③当新岗位薪酬等级档序低于原岗位等级档序：如因公司工作需要岗位发生变动，则以不降低原则套入新岗位薪酬等级档序；如由于员工无法完成岗位工作而进行调整，则要相应向下调整岗位薪酬等级档序。

（2）晋升等级岗位变动，岗位薪酬直接按基准档序调整，若新岗位薪酬基准档序标准低于原岗位标准，应以不降低原则上浮一定档序套入。

（3）降低等级岗位变动，岗位薪酬也按基准档序调整，由企业人力资源管理部门根据制度规定执行。

3.3.8　设计薪级岗位对照表

众所周知，设计科学合理的薪级岗位对照表对企业保留优秀人才大有裨益，能促进企业实现高质量、可持续的良性发展。然而，企业管理者对如何设计薪级岗位对照表却可能知之甚少。

一般情况下，设计薪级岗位对照表主要有以下 4 个核心步骤，如图 3.3-3 所示。

1 确定薪等数

2 确定薪酬趋势

3 确定薪酬带宽

4 进行调整验证

图 3.3-3　设计薪级岗位对照表的 4 个核心步骤

（1）确定薪等数，也就是确定薪酬分成几级。一般来说，岗位等级要与薪酬等级一一对应，这样才能更好地体现岗位和薪酬的匹配关系，因此，企业通常需要结合企业岗位矩阵和全岗位晋升通道，确定薪等数。然而，有些岗位因所需知识背景、技术含量等要求，可以跨越薪酬等级，比如很多高新技术企业的研发岗位，可以跨越 2～3 个薪酬等级，以此激励产品的研发创新和助力企业的转型升级。总之，确定薪等数的关键点就是薪酬等级尽量等于岗位等级。

（2）确定薪酬趋势，也就是确定每一个岗位等级的水平定位。首先，分析企业现有薪酬策略及薪酬水平，如是属于滞后型的、跟随型的还是领先型的等。然后，判断有没有分序列、分层级差异化确定目标薪酬，并以此为基础，判断每一个等级的目标薪酬水平。最后，计算出现有等级和目标薪酬水平的平均值，判断差异，从而进行调整。

通常的做法是，根据市场定位值，画一条回归曲线，这样，从最低值到最高值的每个等级间的逐步提升趋势就非常清晰。

（3）确定薪酬带宽，也就是确定最低值和最高值。薪酬带宽通常根据岗位的层级以及要求具备的能力大小而确定。在实际运用中，一方面，不能一味地为了规范带宽，就忽视企业现状和市场趋势的契合度；另一方面，也不能为了照顾过去的情况，迁就现状就忽视了市场规律。一般根据等级主要岗位特性拉开薪酬差距。薪酬带宽可参考市场定位水平的薪酬区间，结合现有水平分布决定。

值得注意的是，在市场规律下，有少数人员在薪酬带宽之外是正常的，很有可能是特别的历史原因造成了这部分人员和其他同等级的人员薪酬差异较大。因此，从整体角度来看，能照顾到大多数人的情况，就是合适合理的结果。

一般而言，在初步确定薪酬带宽后，应根据调薪规则、调薪预算确定档位数、档差从而形成初步的体系。

（4）进行调整验证，也就是提高薪级岗位对照表的适用性。企业在初步完成薪级岗位对照表后，根据企业员工分布，结合重叠度、带宽、中点提升比例等进行综合调整，不断提高薪酬体系的适用性，最终形成适合企业自身发展特质的薪级岗位对照表。需要注意的是，没有绝对正确的薪级岗位对照表，企业不仅要关注具体的薪酬数字，更需要考虑薪级岗位对照表的动态管理与运用。

第 4 章
绩效管理及绩效方案设计

　　团结就是力量，在企业的运营过程中，企业内部大量工作都需要员工共同协作才能有效完成。由于个体在能力、体力等方面存在较明显差异，完全平均显然无法适应时代的发展，按劳分配才是当今社会分配方式的主流。

　　鉴于此，按照一定标准设计、制定绩效方案，并据此对员工的工作效率和工作成果、协作效率和协作成果等进行绩效测量的方式，正越来越受到欢迎。企业进行绩效管理，不仅便于日常管理，对内部资源的长期公平分配也有着非常重要的意义。

4.1 绩效概述及指标分解

绩效是员工工作业绩，是个体或群体在工作过程中贡献的、能依据一定的标准进行评定的态度、能力和成果。当前，企业想要在激烈的市场竞争中立于不败之地，就应不断地加深对绩效的认识，积极强化绩效在企业运营管理中的重要作用，这样才利于企业的可持续创新发展。

4.1.1 绩效管理体系逻辑框架

绩效管理，是指为达成企业预期目标，管理者与员工之间进行的一项管理沟通活动。企业实施绩效管理不仅有利于促进企业的战略落地，对员工能力的提升和发展也有重要的促进作用。在此过程中，以逻辑框架为核心，建立覆盖企业运营管理全过程的绩效管理体系，是保障企业稳定发展的一项重要措施。

绩效管理体系可以分为两种类型。

1. 目标、行为、结果导向绩效管理体系

19 世纪初罗伯特·欧文进行的绩效管理试验获得显著成效并被企业所实施，经过多年发展，最终形成了目标导向、结果导向和行为导向绩效管理。

这三种绩效管理并非独立存在，而是相互联系、相互依存的循环体系。

图 4.1-1 所示为目标、行为、结果导向绩效管理体系。

目标导向绩效管理

结果导向绩效管理　　　　　　　行为导向绩效管理

图 4.1-1　目标、行为、结果导向绩效管理体系

企业在制定目标后，应通过管理者与员工的有效沟通，推动团队和个人做出有利于达成目标的行为，以实现企业预期的利益和产出。

以下几点，是企业在实施绩效管理时应当注意的内容。

（1）关注过程。以结果为导向，并非指企业在对员工进行绩效考核时只关注工作成果和业绩，还要关注过程。

企业在实施绩效管理的过程中，管理者与员工应当保持持续沟通，这既是对员工工作效率和工作质量的监控和指导，也能使管理者对员工工作过程中出现的问题或方向错误，进行及时、必要的调整和纠正。

（2）企业应做好对员工行为的引导。当企业将制定的目标明确传达到各部门后，各部门需将目标分解到每个员工，化整为零，将团队绩效计划分解为员工个人绩效计划，以对员工的行为方向和内容做出规定。

（3）评估效果，以提供绩效管理依据。企业应对员工的工作业绩和效果进行评价，分析员工工作结果的优劣，得到有关员工个人能力的结论，进而为人事决策等管理环节提供依据。

2. 全面、局部、混合绩效管理体系

绩效管理是对员工或团队工作目标、工作行为和工作成果进行评估、分析和管理的过程，企业在制定绩效管理体系时，也可以从全面、局部和混合三个方向实施。

图 4.1-2 所示为全面、局部、混合绩效管理体系。

图 4.1-2　全面、局部、混合绩效管理体系

　　值得注意的是，实施全面绩效管理，需要企业在足够技术、资金的支持下，制定长期的全面发展目标，并进行长期的监控、指导和评价。

4.1.2　绩效管理的 4 个步骤

　　企业要想做好绩效管理，应明确完整的实施步骤，还需要吸纳多方实施绩效管理的经验。

　　图 4.1-3 所示为绩效管理的 4 个步骤。

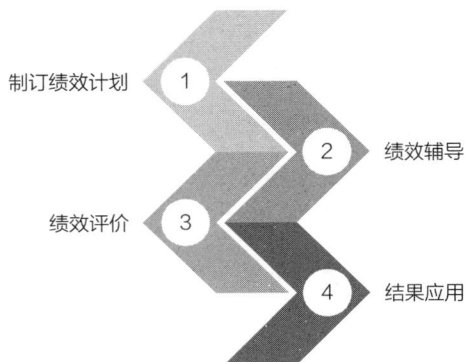

图 4.1-3　绩效管理的 4 个步骤

　　只有根据企业自身发展对绩效管理的步骤进行灵活变动，企业才能更好地面

对日益多变的市场竞争带来的挑战。

1. 制订绩效计划

制订绩效计划是第一步，也是绩效管理 4 个步骤中非常重要的一步，起着导向作用。

以某制造公司 B 为例，其新开发了一个项目，由于人手不足，项目负责人与人事总监和上级沟通后决定扩招几名新员工作为业务人员。恰逢春招时期，B 公司人事总监决定通过合作院校进行招聘，最后确定了 15 名大学生入职。然而，虽然这批大学生可塑性较强，但是刚入社会没有工作经验，很难在短时间内取得工作成果，因此其绩效计划和绩效指标等不能与老员工一概而论，如何制定这批大学生的绩效计划成了困扰人事总监的难题。那么，人事总监应当如何制定这批大学生的绩效计划呢？

绩效计划应主要包括以下内容。

（1）绩效维度。绩效维度主要包括层次维度、导向维度、主体维度和衡量维度。

（2）指标开发方式。指标开发有两种方式。第一种是从上到下的开发方式，如图 4.1-4 所示。

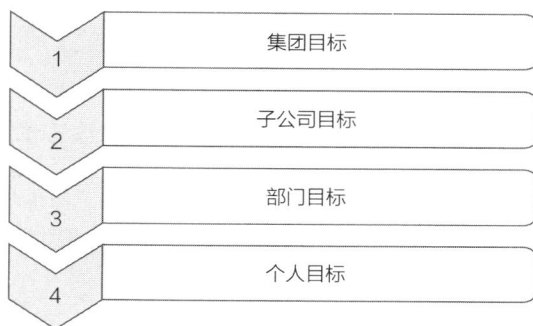

图 4.1-4　从上到下的指标开发方式

第二种是从下到上的指标开发方式，如图 4.1-5 所示。

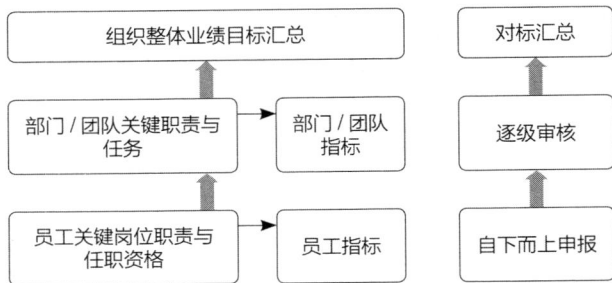

图 4.1-5 从下到上的指标开发方式

无论企业采用从上到下还是从下到上的指标开发方式，都应做到层次清楚、目标具体，并落实到每个员工所处的岗位上。

（3）指标的具体设计方法。企业应做好员工三大类绩效指标设计，即任务绩效指标设计、周边绩效指标设计和能力绩效指标设计。

（4）指标开发的其他要素。指标开发的其他要素包括权重、目标和计分方法等。

2. 绩效辅导

绩效辅导即管理者观察员工或团队的行为，并对其工作过程和工作结果进行指导和反馈。

在绩效辅导过程中，管理者需定期收集与目标相关的数据，做好绩效报告；同时，还要与员工或团队进行有效绩效沟通，通过商议达成新的行动计划。

3. 绩效评价

绩效评价是指对员工的目标、行为和结果进行综合性的评估，是连续的周期性过程。绩效评价可以采用简单排序法、配对比较法、关键事件法和强制分布法等方法。

4. 结果应用

企业可以根据绩效评价的结果，将员工工作的综合评价结果按 A、B、C 三个等级进行划分，并根据不同等级为员工制定发展方向和改正措施。

　　某公司规定，绩效评价结果为 A 等级的员工以继续提升自身整体实力为主，并被给予必要的奖励。对 B 等级员工，则在保证其稳定的基础上给予提升的机会。对 C 等级的员工，由于其已不适应企业发展的要求，可以在指导未果的情况下安排其他岗位或淘汰。

4.1.3　绩效合同的 3 个基本组成部分

　　绩效合同，也被称为绩效考核表，是企业为了更好地将战略目标划分到个人，并快速明确各责任主体的目标责任、达成目标后的收益，而在岗位管理基础上和责任主体所签订的合同。

　　绩效合同主要包括 3 个基本组成部分，即绩效指标、指标权重和指标的目标值，三者相互联系、相辅相成，缺一不可。

　　（1）绩效指标。绩效指标是指企业在实施绩效管理的过程中，对员工或团队绩效进行考核所依据的指标。

　　绩效指标可以分为定量指标和定性指标两种类型，一般包括销售额、利润、工作损耗、客户数量、客户满意度等内容。企业应根据自身发展的实际情况，对考核内容进行适当灵活的调整，以保证绩效指标始终能和企业战略目标相结合。

　　（2）指标权重。指标权重即每个绩效指标在总绩效中的占比。指标权重以数值形式直观地反映了绩效指标对评估对象的价值，是对员工或团队绩效进行综合评价的重要信息。通常来说，指标权重越高，其重要性越高；指标权重越低，其重要性也就越低。

　　企业可以将权重分为"大权重""小权重"。

　　大权重即指标一级维度的权重，小权重即一级维度内各项具体指标的权重。

　　某企业制定的销售员工的绩效指标，包括任务绩效指标和行为绩效指标两种，任务绩效指标权重为 80%，80% 是大权重。在任务绩效指标中，又细分了 A、B、C 三项具体指标，这三项具体指标的权重是小权重。

（3）指标的目标值。指标的目标值，是指指标的完成度。一般而言，指标目标值的设定主要参考历史数据，并在此基础上参照员工或团队的能力、企业发展的情况、市场的情况等数据加以确定。企业通过将实际值与目标值对照，能清晰直观地展现员工或团队的工作成果，据此进行绩效评估。

值得注意的是，绩效合同所涉及的内容必须建立在企业现实基础上，企业还要与员工等责任主体，就绩效合同内容进行充分沟通，以促使他们对其内容进行充分了解和达成共识。只有如此，才有利于绩效合同的顺利落地。

4.1.4　绩效的 4 个维度

维度，在数学中指独立参数的数目，也可理解为某些指标参数的定向扩散。绩效维度，即围绕绩效要求而展开的定向扩散。企业为确保管理者对员工绩效评价的真实、公平，有必要将绩效要求拓展到 4 个不同维度，以形成全方位互补的综合绩效评价体系，促进企业的创新发展。

绩效的 4 个维度分别如下。

1.　层次维度

从社会网络资源和企业内部资源分配的角度出发，绩效可以从个人、团队和企业 3 个层次进行划分。

（1）个人层次。顾名思义，个人层次的绩效即员工个人的绩效。企业为实现整体目标而通过一定方法，对员工的工作行为和结果进行评价和管理，以明确个人绩效。通常而言，员工个人绩效是由企业的人力资源部进行评价和管理的。

（2）团队层次。团队层次的绩效指部门、团队的绩效，是指当企业制定团队目标后，团队在共同协作的基础上获得的成果。一般而言，团队绩效主要由经营计划部或战略发展部进行评价和管理。

（3）企业层次。企业层次的绩效即企业绩效，指企业在生产经营活动中的行为和所取得的一切成果。

2. 导向维度

导向维度，指将能力、行为和结果作为绩效的评价导向。

（1）能力导向即员工或团队"有能力、可信赖"的程度，其内容包括员工对企业的忠诚度、员工的成就欲望、员工的自信心、员工的自我认知与自我控制、员工的主动性和领导力。

（2）行为导向以 5 个"是否"进行概括，即是否服从指令、是否按时出勤、是否热情待客、是否服务周到和是否按标准和程序办事。

（3）结果导向则是以"成败论英雄"，其评价内容包括销售额、利润、工作损耗、服务客户的数量和客户满意度等。

3. 主体维度

主体维度，也称为主客体维度，即将绩效分为主体和客体。主体绩效是指任务绩效，即员工做好本职工作。客体绩效是指员工在本职工作之外产生的成果，即额外付出、获得的成长等。

4. 衡量维度

衡量维度是指企业在评定员工的绩效时，应当从数量（Quantity）、质量（Quality）、时间（Time）和成本（Cost）4 个方面进行衡量。

4.1.5 绩效指标的 QQTCS

目前，不少小微企业，其绩效考核都有流于形式的弊病。

A 公司是某省会城市一家员工总数不超过 100 人的翻译公司，该公司为了加强对员工的管理，将工作本身和工作以外的事务都纳入了绩效管理体系。员工一旦被发现没有佩戴工牌，工作时间聊天、看手机甚至是情绪消极，都将面临扣绩效积分、扣工资的处罚，这使得公司内怨声载道。A 公司关于绩效管理的做法不仅没有充分发挥绩效管理的积极作用，反而导致员工对公司的忠诚度持续降低。

那么，基于绩效管理在企业经营管理过程中承担的重要作用，应当如何根据企业制定的目标，将绩效考核内容转化为详细、具体、合理、科学的绩效指标，并对绩效指标进行公平公正的测量呢？这是绩效管理的一项重要内容。

企业可以从效率、数量、时间、成本、满意度等多个维度，详细分析影响绩效考核的指标因素，由此形成的 QQTCS 是绩效考核指标的公式。

（1）第一个 Q，即 Quantity（数量），是指员工或团队在规定时间、条件所完成工作的数量。通常情况下，数量包括产量、销售额、人数等能用数值表示的具体内容，主要来源于业绩记录和财务数据。

（2）第二个 Q，即 Quality（质量），也可称为效率，是指员工或团队在规定的时间内和条件下所完成工作的质量或效率。

效率一般包括工作完成的合格率、达成率、准确率等内容，主要来源于生产记录、客户反馈等。

（3）T，即 Time（时间），是指员工或团队在规定条件下完成工作所用的时间。在时间维度主要考察完成工作的及时性，包括最早开始工作、最晚开始工作、最早完成和最晚完成等可以用时间表示的内容，主要来源于财务数据和业绩记录。

（4）C，即 Cost（成本），是指员工或团队在规定时间内和条件下完成工作所耗费的成本。成本主要包括完成工作的成本消耗和投资回报率等内容，主要来源于财务数据。

（5）S，即 Satisfaction（满意度），是指企业或客户对员工或团队所做工作完成度和工作成果的满意度。满意度通常包括客户满意度和企业满意度，主要获取方式为进行满意度调查。

企业通过对以上维度的绩效指标的测量，可以对自身战略目标的完成情况做详细、明确的了解，以此实现企业利润及效益的最大化，促进企业良性发展。

4.1.6 平衡计分卡

平衡计分卡（Balanced Scorecard，BSC），是指根据企业的战略目标设计的，能与绩效深度结合的指标体系。

　　伴随社会的进步和科学技术的发展，主要建立在财务指标基础上的传统绩效测量和评价体系，已无法满足企业自动化、多样化、个性化的生产需求。为进一步促进企业发展，提升企业核心竞争力，20世纪末，卡普兰和诺顿出版了《平衡记分卡：化战略为行动》（*The Balanced Scorecard：Translating Strategy into Action*）一书，宣告具有革新意义的平衡计分卡绩效指标测量评价体系诞生。这一指标体系在广泛的应用中得到进一步完善和创新，在企业管理中发挥了重要作用。

1. 平衡计分卡的 4 个维度

　　根据卡普兰和诺顿的观点，可以将平衡计分卡分为客户、业务流程、学习和成长、财务 4 个维度。

　　通过长期观察平衡计分卡的实施效果以及我国大部分企业发展现状，编者结合多个企业制定战略目标的共同点进行分析，对平衡计分卡的 4 个维度及其内容做出了系统化的整理。

　　图 4.1-6 所示为平衡计分卡的 4 个维度。

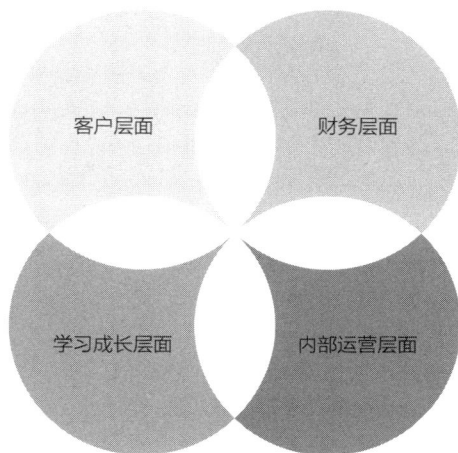

图 4.1-6　平衡计分卡的 4 个维度

　　（1）财务层面。财务层面，主要是指投资者对企业的期望，即企业为实现财务目标，应如何实施和执行战略目标，才能从股东处获得足够的资金支持，并从客户处获得足够的经营成果。

（2）客户层面。客户层面，主要是指客户对企业的期望，即企业想要在激烈的市场竞争中占据一席之地，需要时刻关注客户留存率、客户获得率、客户满意度等指标。

（3）内部运营层面。内部运营层面，主要是指为吸引和留住市场上的客户，企业必须精于关键方面的内部运营业务，以使投资者获得满意的收益。

（4）学习成长层面。学习成长层面，主要是指企业在激烈的市场竞争中，应保持改变和创新的能力，持续提高自身能力和竞争力，创造更高的价值和实现更高的利益。

2. 战略地图

战略地图是指企业为详细、全面、系统地描述战略目标，以平衡计分卡的4个维度为核心而建立的实现战略目标的因果关系图。

战略地图通过对平衡计分卡4个维度相互关系进行分析，将员工或团队的工作与企业战略目标深度连接。其作用主要是从提升员工个人能力和企业能力出发，到提高客户留存率和满意度，最终提升企业核心竞争力，获取更大利益，全面实现企业战略。

3. 各指标举例

以下以案例形式对上述各指标进行分解，具体如表4.1-1所示。

表 4.1-1　战略指标分解案例

目标/关键经营活动	目标/关键经营活动分解	KPI	集团			子公司							
			研发策划部门	项目运营中心	总经理	财务部	研发设计部	报建	总工办	成本控制部	行政人事部	营销服务部	项目部
业绩增长	增加利润	税前利润	√		√	√				√	√	√	√
	增加经营活动净现金流	经营活动净现金流			√					√	√	√	√
	提高销售收入	新增房地产销售收入			√		√					√	√
		存量房地产销售收入			√		√					√	
	提高完工量	完工量			√				√	√			√
		项目进度计划达成率		√					√	√			√
收入增加	产品定位准确、适销、利润高	产品毛利率	√		√		√						
		研发计划达成率	√				√						
	提供优质的客户服务	客户满意度			√		√					√	√
		客户投诉次数			√							√	√
控制开发成本	控制项目开发成本	目标成本控制率		√	√					√	√		√
严格控制费用	严格控制销售费用	费用预算控制率				√			√	√	√	√	√
	严格控制管理费用												
加快资金周转速度	减少存量资产	商铺/楼盘销售率			√	√						√	√
	快速回款	回款率			√				√			√	√
员工培养	员工培养	员工培养计划完成率	√		√	√	√	√	√	√	√	√	√

注："√"代表该指标由该部门或个人负责。

通过上述案例，我们能进一步明确如何按平衡计分卡的 4 个维度，将绩效考核指标落实到战略地图中，以此发挥平衡计分卡这一工具的最大效能。

4.2　绩效指标开发设计

无规矩不成方圆。企业想借助绩效管理，做好内部人员绩效考评体系建设，将战略计划真正应用到具体实践，并减少生产成本、制造成本、税务成本等成本，从而提高经济效益，就应做好绩效指标的开发和设计以及对企业涉税业务进行科学、完整的策划，这是两项必不可少的重要内容。

4.2.1　绩效指标开发设计的两个原则

绩效指标，是保证企业内部资源合理分配的重要内容。为保证绩效指标的合理性和公平性，企业在绩效指标开发设计时应坚持以下两个原则。

1. SMART 原则

SMART 是 Specific（明确性）、Measurable（可衡量性）、Attainable（可达成性）、Relevant（相关性）、Time-bound（时限性）的缩写，SMART原则涵盖范围、应用范围很广。以下为 SMART 原则的具体内容。

（1）明确性。顾名思义，绩效指标开发的明确性原则要求企业制定的绩效指标具有明确、具体的数值或范围，而不是大概的、模糊的方向。

（2）可衡量性。可衡量性原则是指企业制定的绩效指标应当是可量化的，是可以根据一定的标准或依据进行评估和衡量的。

（3）可达成性。可达成性原则是指企业在制定绩效指标时，要从自身实际情况出发。企业制定的目标是能够通过合理、有效的方式和渠道完成的，而不是超脱于现实、无法达到的。

（4）相关性。相关性原则是指企业制定的绩效指标应当与企业战略目标和企业发展密切相关，是为达成战略目标和促进企业发展而服务的。

（5）时限性。时限性原则是指企业需要明确完成绩效指标的时间，并要求员工或团队在规定的时间内完成。

2. 信息完备原则

无论是绩效指标的开发和设计，还是绩效管理执行过程中需要进行的调整和修正工作，都应建立在准确、完善的信息上。信息是企业制定绩效指标的基础和依据。

信息完备原则，是指企业在设计绩效指标时，应尽可能全面地掌握与绩效管理相关的完善、准确、详细的信息，包括指标定义、计算公式、数据来源、相关说明、数据收集、设立目的、指标编号、统计周期、统计方式、指标类别和指标名称等各方面内容。唯有如此，才能保证绩效测量和评估的科学有效和公平公正。

4.2.2　绩效指标的 3 个类型

绩效管理体系是完整的系统，而绩效指标则是绩效管理流程中非常重要的内容，是绩效考核的重要依据。

绩效指标的类型

绩效指标可以分为任务绩效指标、周边绩效指标和能力绩效指标 3 个类型。

（1）任务绩效指标。任务绩效指标，主要用于考核员工或团队本职工作的完成情况。任务绩效指标反映员工或团队本职工作的完成情况，企业凭此能对其工作效率、工作结果和工作态度等有直观、全面的了解。

（2）周边绩效指标。周边绩效指标，主要用于考核员工或团队在与工作相关的事务上所表现的态度和效果。周边绩效指标的内容包括：工作积极性，即在工作过程中的主动程度、是否能够自我驱动和是否善于发现问题等；与同事的工作协作性，即是否主动协助同事完成任务、是否具有合作意识等；工作责任心，即是否有敬业精神；纪律性，即是否遵守企业规章制度和工作标准等。

（3）能力绩效指标。能力绩效指标用于考核员工或团队在工作、任务过程中所表现的相关能力。能力绩效指标与任务绩效指标相辅相成，是任务绩效指标有效的、必要的补充。

①能力绩效指标的作用。能力绩效指标将员工的能力以数据的形式直观地表现出来，对员工的工作态度转变和工作能力的提升有积极促进作用。对每位员工能力进行充分了解，有利于管理者调查员工行为；对绩效成果做出合理、公平的绩效评估，有利于管理者引导员工在工作过程中充分发挥优势，促进企业创新发展。

②能力绩效指标的设计方式。一般而言，行为锚定法是设计能力绩效指标的基本方式。

行为锚定法，即对员工或团队的某项行为表现程度进行刻度化分级。首先，企业需要明确应该从哪些方面入手。其次，企业需要明确员工或团队相关工作行为的最佳状态和底线状态。最后，进行刻度化分级，以正确表示行为表现程度的递增、递减或其他波动状态。

王先生在某房地产公司担任成本管理部经理，其主要工作是审核、控制业务部门的花钱行为。

由于该房地产公司没有实施科学、合理的绩效管理体系，未能给王先生的工作制定量化考核指标，无论王先生工作完成得如何，为公司创造了多少实际利益，都无法在薪酬上得到直观体现，绩效等级评定与实际情况也有很大的出入，这让王先生心里很不舒服。

于是，王先生将自己每项工作职责厘清，并确定完成工作的时间、产出的数量、完成质量等合适维度，如拟定工程项目概预算的时间、估值准确率等内容，书面递交给上级。于是，该房地产公司明确了成本管理部的工作职责，并根据部门内每位员工的表现，设定了合理的绩效目标，充分激发了包括王先生在内的绝大多数员工的工作积极性。

4.2.3　绩效指标开发举例

企业通常会以量化的绩效指标，对员工或团队工作完成情况进行准确、直观的衡量。大部分企业在衡量过程中，通常都利用 KPI 进行绩效指标开发。

KPI（Key Performance Indicator），即关键绩效指标，是指企业通过运用 BSC，从 BSC 的 4 个维度对根据战略发展制定的年度计划进行分解，从而形成的指标体系。

关于 KPI，以下用销售部总经理的 KPI 为例进行说明，如表 4.2-1 所示。

表 4.2-1　销售部总经理的 KPI

岗位名称	销售部总经理	日期		2022 年 4 月 21 日	
岗位的主要工作	营销策略规划、制定，保证其有效实施，实现企业运营目标				
三至五项重要工作职责	KPI				
①做好长期营销策略的规划、营销方案的制定 ②观察市场动态，拓展营销业务，把握营销方向 ③优秀员工的发掘、培养、提拔 ④部门员工行为的管理和控制 ⑤营销成本控制	内部运营层面	①人均销售额 ②新产品营销的及时性和有效性	学习成长层面	①人才留存率 ②员工满意度 ③员工 KPI 达成率
	客户层面	①客户满意度 ②市场占有率 ③高价值客户比例 ④市场形象	财务层面	①销售额 ②利润 ③新产品收入增长率

由于行业、规模、发展程度和战略目标等存在差异，不同企业建立的 KPI 有着明显的区别。根据多年的绩效管理经验，编者在结合多个企业 KPI 案例的基础上，归纳和总结了一套适用于大多数企业的 KPI 建立流程。图 4.2-1 所示为 KPI 建立流程。

步骤一　明确并分解企业年度计划　▶　步骤二　制定企业 KPI　▶　步骤三　培训和沟通　▶　步骤四　制定部门 KPI　▶　步骤五　制定岗位 KPI

图 4.2-1　KPI 建立流程

图 4.2-1 内，企业 KPI、部门 KPI 和岗位 KPI 是相互联系的整体，岗位 KPI 的实现可以推动部门 KPI 和企业 KPI 的实现。

同时，KPI 分解也是绩效指标开发设计的一个重要内容。根据图 4.2-1，KPI 可以分为企业 KPI、部门 KPI 和岗位 KPI 3 种，指标开发有从上到下和从下到上两种方式，KPI 同样可以按照从上到下和从下到上的方式进行分解。

4.2.4 绩效指标开发的权重、目标、计分方法

对企业而言，绩效指标不仅能表示员工或团队工作的进展程度，也能体现出企业是否正在向完成战略目标的方向发展。因此，权重、目标和计分方法作为绩效指标开发的因素，在绩效管理体系中也发挥着重要作用。

1. 权重

在企业绩效管理体系中，权重能以直观数值表明各个绩效指标的重要性，绩效考核是否相对公平公正，很大程度上取决于绩效指标权重在分配上的合理、科学、细致和准确性。由此可见，权重对绩效管理体系有非常重要的作用。

（1）权重的分类。通常情况下，权重依据表现形式和形成方式进行划分。根据表现形式分类，权重可以分为绝对数权重和相对数权重。根据形成方式分类，权重可以分为人工权重和自然权重。

（2）权重设计方法。权重是企业对员工或团队绩效进行综合评价的重要依据，企业应做好权重设计方法的选择。企业可以结合实际情况，从下列方法中选择适用的权重设计方法。

①主观赋值法。在绩效管理体系具体实践过程中，每个企业或部门在绩效指标设计、评价等方面有一定的差异，无法进行统一计算。因此，企业或部门可以根据业务发展的需要和市场的实际情况进行主观赋值。

②层次分析法。层次分析法（Analytic Hierarchy Process，AHP），是运筹学家萨迪提出的定量分析和定性分析相结合的权重分析方法。

③德尔菲法。德尔菲法，又称专家规定程序调查法，即集思广益，征求多方意见。

2. 目标

目标是基于企业战略要求或管理要求制定的，对员工或团队而言，目标不仅

应具有可实现性，也应具有挑战性。前文归纳和总结了平衡计分卡的 4 个维度，分别是财务层面、客户层面、内部运营层面和学习成长层面。绩效指标开发的目标正是围绕这 4 个维度进行的。通过目标层级设置，将企业目标与绩效考核目标有机结合起来，促进企业目标的实现。

企业通过良好的内部运营，能不断提升自身实力，可以有效地促进财务层面和客户层面目标的实现，达到预期的经营成果。

3. 计分方法

计分方法是绩效指标开发的重要组成部分，企业常用的计分方法包括层差法、减分法、比率法、非此即彼法和说明法 5 种。

（1）层差法，是指将考核结果划分成几个层次。

（2）减分法，是指企业在考核员工的过程中，一旦发现员工工作结果、工作效率或工作态度等存在问题，即按照一定的标准减分。

（3）比率法可以通过公式表示，即指标实际考核分数 = 指标实际完成值 ÷ 指标标准值 ×100%。

（4）非此即彼法是指绩效考核结果只有 0 和 10，不存在其他状态。

（5）说明法，是指对绩效考核结果可能出现的情况进行说明。

实际上，无论哪种计分方法，都是进行绩效指标测量、获取绩效评估结果的手段，对保障绩效评估结果的公平公正有着重要意义。

4.2.5　绩效目标设定的 4 个误区

绩效目标设定是企业绩效管理工作的重要步骤。如果企业在设定绩效目标时未能综合考虑企业发展现状及未来战略发展方向，就可能导致绩效目标设定过程中存在不合理之处，进而对绩效管理和绩效评估造成难以预料的影响。

具体而言，绩效目标的设定容易出现以下 4 个误区，企业需要在实施绩效管理的过程中加以重视。

（1）专业的事不由专业的人做。现今，在选用人才方面，尽管越来越多的企业认识到能者居之的重要性，但限于种种原因，部分企业仍然有部分岗位人员与岗位不匹配的情况存在，导致专业的事不交由专业的人做。

出现这类情况，不仅员工工作容易事倍功半，没有效率，而且在一定程度上造成了整体资源的浪费，不利于企业的可持续发展。

A公司是典型的家族型企业，其高层管理人员基本都是与公司创始人宋某沾亲带故的关系户，张女士便是其中之一。通常而言，关系户在工作中存在能力与岗位无法匹配等问题，张女士也不例外。因此在A公司实行绩效管理的过程中，即便宋某已经明确规定绩效考核指标、权重等相关内容，但张女士却偏向一些讨好她的员工，给予其很高的绩效评价，而一直就就业业工作的员工却始终得不到好的绩效评价。久而久之，A公司认真做事的员工越来越少，溜须拍马的员工越来越多，经济效益越来越差，最后只能宣告破产。这便是专业的事不由专业的人做的不利之处。

（2）不考虑市场。部分企业在发展过程中，过于盲目信赖、借鉴成功企业发展的模式而不考虑自身面对的具体情况，也忽略了市场发展并非停滞，而是随着国家政策和社会经济变化快速发展的。

尽信书不如无书，历史趋势和成功案例只能作为参考，企业只有从自身和市场的实际情况出发设定绩效目标，才能更好地实施绩效管理。

（3）不考虑竞争对手。"顾客即上帝"的大环境下，大多数企业将生产经营的重点放在客户需求的满足上，片面地认为只要提高客户满意度，客户留存率也会随之提高。然而，"大众创业、万众创新"的大趋势下，仅以客户为导向的绩效目标设定，实际上无法满足企业发展需要，即便是领头企业也不一定能保证自身立于不败之地。苍鹰搏兔，尚需全力，企业尤其应该居安思危，明确竞争导向，认真对待每个竞争对手。

（4）目标过高。对员工而言，目标过高不仅不会起到激励作用，还会影响其工作积极性，不利于企业内部的和谐稳定。对于企业而言，好高骛远不可取，稳扎稳打才有助于企业立于不败之地。

在设定绩效目标时存在误区，主要原因是企业对自身认识不足，没有从实际情况出发，实事求是地设定绩效目标。因此，企业对现实情况和内部资源进行科学、合理的分析和判断，有利于绩效目标顺利实现。

4.3　绩效方案落地

快节奏的竞争时代下，企业为快速抢占市场，会在经营管理活动中更重视和提倡结果导向。无论是绩效计划的制订、绩效指标的开发设计，还是绩效辅导沟通，其根本目的是保证绩效方案的顺利落地。

即便企业的绩效方案能顺利落地，但其落地的效果却因企业而异。企业为了追求更好的落地效果，就应对绩效管理实践过程中的各方面工作加以全方位分析。

4.3.1　绩效辅导及绩效经营分析

当今世界，开放仍是主旋律之一，企业也同样如此。企业想促进绩效管理体系的有效落地，仅凭内部措施对员工进行绩效辅导是行不通的，还需要通过绩效经营分析，从外部观察了解企业经营过程中的问题。这一过程需要贯穿绩效管理的始终。

1.　绩效辅导

绩效辅导，是指企业在绩效管理体系执行的过程中，通过对参与绩效评价的人员进行持续性跟踪，对其工作过程中存在的不合理之处（包括战略目标偏移、工作态度消极和效率落后等方面）进行矫正的过程。

绩效辅导不仅有利于修正和改善员工或团队的绩效评价结果，同时也有利于推动绩效管理体系的有效落地，是绩效管理体系的关键环节。

企业通过对员工或团队工作进程的了解，能帮助员工或团队更快更好地完成工作，提高员工对企业的忠诚度，也有助于企业时刻把握方向，实现可持续、稳定的发展。

2. 绩效经营分析

绩效经营分析，即企业通过对自身财务信息、业务信息、管理信息和市场信息等经营情况的解读，了解自身经营模式对整体绩效的影响，并从中发现问题、解决问题，进而实现绩效管理效果提升的过程。

（1）绩效经营分析的原则。首先，企业整体目标和经营策略的形成依据，是企业的战略。因此，绩效经营分析应当以企业战略为基础和依据。

其次，企业应坚持近因原则，即坚持找出问题的根本原因。

最后，绩效经营分析是长期的过程，企业应坚持长期化、日常化原则，并且要注重细节管理，致力于由量变产生质变，以促进企业发展。

（2）绩效经营分析的方法。归纳法、演绎法是企业常用的两种绩效经营分析方法。

归纳法，又被称为归纳推理和归纳逻辑，是指从企业所经营的业务中归纳相对普遍的规律，这种方法通常用于企业新进入某个业务领域，对其了解不是很充分的情况。

演绎法则是指对企业经营问题抽丝剥茧，从而找出问题节点。此外，企业也可以通过与同行业企业经营情况和自身历史经营情况进行对比，对自身经营情况做出正确的判断和评价。

4.3.2 绩效评价的形式

绩效评价是绩效管理体系中非常重要的步骤，其形式对绩效评价的结果有决定性的影响。

绩效评价的形式包括绩效评价方法、绩效评价视角、绩效评价面谈和绩效评价周期。图 4.3-1 所示为绩效评价的 4 种形式。

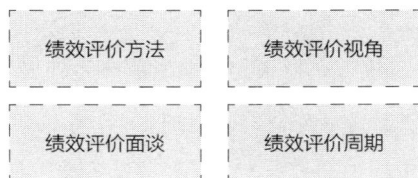

图 4.3-1　绩效评价的 4 种形式

对于企业而言，绩效评价的形式，是企业必须重视的内容。

某互联网公司由于经济效益差，决定根据绩效评价结果辞退部分员工。然而被辞退的员工却不认同绩效评价结果，其他未被辞退的员工也表示绩效评价结果无法使人信服，导致公司内部人心惶惶。在这一情况下，该公司只有根据绩效评价的 4 种形式做好绩效考核，其结果才能使员工信服。

（1）绩效评价方法。绩效评价，即企业通过运用一定的方法，按照企业制定的量化标准和评价标准，对员工或团队的工作质量、工作成果、工作态度、工作完成度等与工作相关的内容进行系统、科学、公正的考核、分析和评估。绩效评价方法主要包括简单排序法、关键事件法和强制分步法 3 种。

（2）绩效评价视角。视角的本义是观察物体的角度。绩效评价的本质是考核，而绩效评价视角则是指企业观察、评价员工或团队的角度。员工或团队属于被考核的对象，而其周围的同事、领导甚至其自身都可以作为考核者。

在绩效评价实践中，经常将绩效评价的视角具体分为上级评价、员工互评、评价委员会评价、员工自评、上行评价和 360 度评价等 6 个视角。

（3）绩效评价面谈。绩效评价面谈，指企业就员工或团队的绩效考核结果进行面对面的沟通。绩效评价面谈，是企业对员工或团队工作成果的反馈过程，不仅能帮助员工或团队对自身工作能力和工作效率等有更加深刻的了解，也能进一步修正员工或团队工作过程中的不合理之处，促进其发展。

（4）绩效评价周期。绩效评价周期是指企业对员工或团队进行绩效评价的周期，也可以指员工或团队达成绩效目标所用的时间。

绩效评价并非一次性的，而是循环的、周期性的工作。绩效评价的周期并非固定的，而是企业根据绩效管理体系实施的时间、企业发展现状、员工或团队能力、工作岗位等特质，进行综合评估后确定的。

一般而言，绩效评价的周期的既不会过短，也不会过长。

周期过短，企业会花费更多时间进行评价，容易造成资源浪费并影响员工工作的积极性。周期过长，会降低绩效评价准确性，不利于企业绩效管理体系的落实。

4.3.3 绩效评价的方法、视角

在对绩效评价的方法和视角进行简单了解后，企业管理者需要进一步对其进行详细、具体的了解。

绩效评价的方法和视角如下。

1. 绩效评价的方法

绩效评价的方法主要有以下三种。

（1）简单排序法，是指企业规定的绩效评估人员按照自身对企业内部岗位的了解程度和历史经验，根据岗位重要程度、岗位价值、工作条件等进行简单排序的方法。

（2）关键事件法，是指绩效评估人员通过记录员工或团队的有效行为和无效行为，并据此对员工的绩效进行评价的方法。

（3）强制分布法。强制分布法，也被称为强制正态分布法，是由企业预先设定明确分配比例的绩效评价等级，再由绩效评估人员按员工或团队的业绩对号入座的方法。

2. 绩效评价的视角

一千个人眼中有一千个哈姆雷特。每个人对同一件事、同一个人的认知都是不同的。

以员工李某为例。李某性格活泼、语言幽默、为人仗义，在日常工作中和同

事、上级都保持着较好的关系。但是李某热心有余、细心不足，常常因不够细心拖团队的后腿。团队成员碍于李某的热情并没有过多责骂，反而耐心教导，所以李某在上级眼中依旧是能力优秀、热情团结的形象，绩效也连连被评优。但李某屡教不改，甚至因马虎差点毁了一个非常重要的项目，让团队成员忍无可忍，最终在绩效员工互评中阐明了李某的真实情况，避免公司因其不细心发生更大的损失。

因此，从多个角度对员工进行观察是必不可少的。图 4.3-2 所示为绩效评价的 6 个视角。

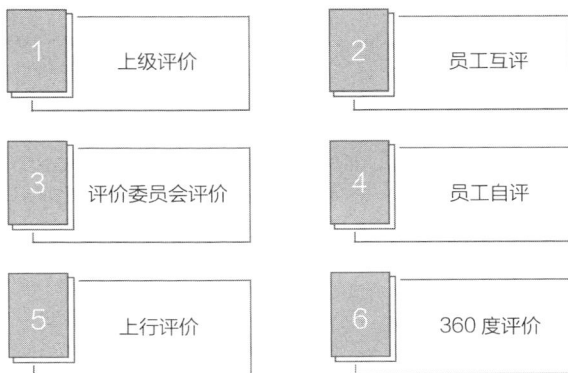

图 4.3-2　绩效评价的 6 个视角

（1）上级评价。上级评价视角是企业经常采用的绩效评价视角，由一人或少数几人进行评价，评价结果带有较强的主观意识，可能存在个人偏见或晕轮效应。

（2）员工互评。员工互评，即员工之间互相评价。员工和员工之间在工作过程中相处的时间长，相对于上下级而言，员工更熟悉身边的同事。员工互评是近年来企业内相对流行的一种绩效评价视角。

（3）评价委员会评价。评价委员会是指由企业挑选的优秀员工或评价领域专家组成的小组。由于其专业性较强，可以避免上级评价和员工互评过程中难以避免的缺点，保证评价结果相对公平和准确。

（4）员工自评。员工自评，是指员工对自己的业绩做出评价。尽管员工自评更为简单、便捷，但很可能存在"当局者迷，旁观者清"的情况，即员工无法对自我有一个准确的认知，因此员工的自我评价通常会高于其主管或其他上级对其的评价。

（5）上行评价。上行评价，是指员工对上级的评价。上行评价能帮助企业发现管理者存在的问题，也有利于企业挖掘和开发表现优异的员工，对促进管理者绩效改善、提高员工积极性有非常重要的作用。

（6）360度评价。360度评价，也被称为全方位绩效考评和360度反馈法，是指企业通过某一员工的上级、下级、同级甚至是本人的角度，对该员工进行综合评价。

通过360度评价企业能得到尽可能准确而完整的绩效评价结果，但其同时也是争议较大的绩效评价视角。360度评价工作量较大，有可能产生过多的资源浪费，甚至导致所谓的"员工共赢"，无法让企业受益。

4.3.4　绩效评价的面谈、周期

企业想让绩效管理有效落地，就应做好绩效评价面谈，制定科学、合理的绩效评价周期。

1. 绩效评价面谈

绩效评价面谈并非只是简单地谈话，而是管理者与员工就员工表现情况、对企业的意见和建议等，进行深入了解和沟通，这对员工个人成长和企业的可持续发展有非常重要的影响。

企业在与员工进行绩效评价面谈之前，需要做好充分准备，使绩效评价面谈能成为有效沟通，而不是浪费彼此的时间。

（1）面谈人要准备好与被面谈员工相关的绩效考核结果和绩效评价结果，并通过上级、同级、下级等绩效评价视角，对被面谈员工的工作内容、工作态度、工作效率、工作质量等做简单的了解。

（2）面谈人要提前通知被面谈员工面谈的时间、地点和面谈预计时长，以便员工做好近段时间内的工作安排。

（3）双方开始绩效评价面谈。面谈中，面谈人应保持相对客观的态度与被面谈员工进行沟通，避免直接批评，以免影响员工积极性或造成逆反心理。

2. 绩效评价周期

影响绩效评价周期的因素多种多样，绩效评价周期不仅与时间有关，与空间也有很大的关联，可以从企业外部和内部进行分析。

（1）企业外部。伴随社会经济发展和思想进步，市场上的大多数行业进一步细分和发展，已经处于相对完善的状态。由于行业性质不同，不同行业之间的特征也体现出十分明显的差异，这正是影响绩效评价周期的重要因素。

服务业是直接面向客户的行业，服务型企业对员工的工作态度和工作质量较为重视，绩效评价周期也相对较短，一般每周一次。大型的生产制造企业，通常是按季度或年度进行绩效评价。

此外，市场发展情况和竞争企业绩效管理情况，也会对绩效评价周期有一定的影响。

（2）企业内部。员工所从事岗位工作的特性，是影响企业设定绩效评价周期的重要因素。岗位工作的特性，包括岗位类型和职能类型。

从事职能岗的员工的绩效评价周期会较长，如行政、人事等。而销售和运营等有助于企业经济效益提升的岗位的绩效评价周期会较短。

4.3.5　绩效评价的实施者

绩效评价是绩效管理体系的重点环节，也是员工获得薪酬收益过程中至关重要的步骤。企业在开始绩效评价前，首先要做的是分清绩效评价的主体和客体。即绩效评价的对象是谁，谁来负责对其进行评价。其中，员工或团队作为绩效评价的对象，其身份毋庸置疑，而谁来负责对其进行绩效评价则是亟待解决的问题。

1. 绩效评价实施者的分类

依据大众认知和企业实施绩效管理的经验，可以将绩效评价的实施者分为两类，主要内容如下所示。

（1）企业自身。企业在设立之初，会以国家法律法规为依据，按照法律规定制定企业章程，以限制企业的行为和活动。在企业章程约束下，一方面，企业能自觉遵守准则，对员工或团队做出全面、合理的绩效评价；另一方面，企业也可以依据具体行业标准，如 ISO 9004（《质量管理体系业绩改进指南》），对自身进行综合分析和评价。

（2）企业外部评价者。企业外部评价者，一般指专门的评价机构或专家，其依照行业内公认的标准，对企业进行系统、全面、科学的评价。

实际上，无论绩效评价的实施者属于哪种类型，其都必须在正确、全面的信息基础上进行评价。

2. 绩效评价实施者评价的原则

企业想使企业上下一心，为未来发展而努力拼搏，必须要保证绩效评价结果的公平公正性。除此之外，绩效评价的实施者还应坚持以下原则，如图 4.3-3 所示。

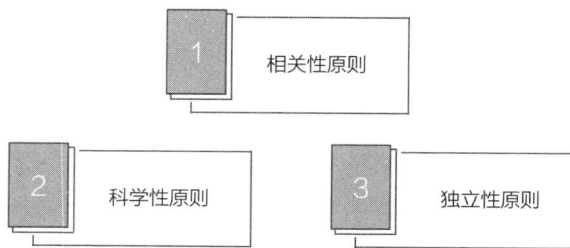

图 4.3-3　绩效评价的原则

（1）相关性原则。绩效评价与员工工作内容挂钩，员工工作成果是绩效评价实施者进行绩效评价最重要的依据。相关性原则要求绩效评价的实施者在员工本职工作完成情况的基础上，能围绕工作相关事务进行适当的加分，如工作态度、工作协作度等。

（2）科学性原则。科学性原则要求绩效评价实施者以科学客观的态度，运用标准化、科学化的方法，对员工绩效进行评价，使员工对绩效评价结果心服口服。

（3）独立性原则。人具有群居属性，拥有从众心理。独立性原则要求绩效评价实施者抛下从众的思想，作为独立的个体对员工的工作表现进行评价，尽量避免他人的影响。

4.3.6　绩效评价的运用

企业进行绩效评价并非只为了获取某个员工在某段时间内的表现，或是对企业自身经营情况做简单的了解，绩效评价的意义也不仅在于告知，而是致力于通过绩效评价结果，深度了解员工优缺点和企业发展过程中存在的问题，从而实现提高业绩的目的。

对绩效评价加以合理运用，能为企业精细化管理和提升核心竞争力奠定坚实的基础。那么，绩效评价运用的意义是什么，又应该通过哪些方面来实现呢？

1. 绩效评价运用的意义

当前部分企业并没有认识到实行绩效管理的重要意义，而是基于一种"别的企业实行那我也要实行"的从众心理，且这种心理大多出现在小微企业中。

李某在机缘巧合之下创办了 A 公司，由于对自身能力有清晰的认知，所以李某非常好学，不仅参加各种企业管理相关课程，也积极借鉴优秀企业做好企业管理的各种措施。在学习过程中，李某发现优秀的企业普遍在实施绩效管理，因此李某决定也将绩效管理引进自家公司。但是由于李某只是依葫芦画瓢，所以虽然完整地复制了其他优秀公司的绩效管理体系，但并没有过多重视绩效评价的运用。时间一长，员工发现无论绩效评价结果优劣，都无法得到奖励或受到惩罚，绩效管理体系也逐渐成为摆设，该公司也没有得到任何的进步。

出现这种现象的原因，在于李某没有认识到绩效评价运用的意义。那么，绩效评价运用的意义是什么呢？

首先，企业借助绩效评价，可以明确未来一段时间内的行动方向和行动重点。其次，企业实施公平、科学的绩效评价对员工有极大的激励作用，能充分发挥员工的主观能动性。最后，企业需明确绩效评价不是目的，而是用来实现企业战略的重要工具，对企业的发展有至关重要的意义。

2. 绩效评价运用的范围

绩效评价的运用主要体现在人力资源管理方面，即制订人力资源计划和进行人力资源开发、进行人才招聘。除此之外，还应将绩效评价具体应用到企业战略落地的实践中。

（1）制订人力资源计划和进行人力资源开发。科学、公平的绩效评价系统，能将每名员工的优缺点通过直观数据加以充分展现，其评价结果可以作为企业确定重点培养对象的依据。与此同时，绩效评价也有利于企业针对员工的弱点进行适当的培训，促进员工的全面发展。

（2）进行人才招聘。绩效评价不仅能对内部员工产生作用，合理的绩效评价结果，也可以作为企业招聘新员工的依据。人力资源部门可以在绩效评价的基础上，整理出供面试使用的测试题，以应聘者测试的结果和面试时的具体表现作为是否聘用应聘者的依据。

（3）促进企业战略落地。企业实施绩效管理的根本目的在于追求业绩，为了实现业绩的增长，并实现战略目标，企业可以将绩效评价运用到企业战略落地中。借助绩效管理体系，企业可以将战略与员工工作和薪酬息息相关的绩效评价系统关联，不仅便于员工操作，也能实现绩效评价运用价值的最大化。

4.4　绩效利益全关联：如何激活绩效管理

企业实施绩效管理的目的在于降本增效、提高业绩。企业应完整地激活绩效管理，使绩效管理充分、有效地执行。因此，单纯以绩效评价结果为依据进行绩效面谈，是很难实现预期目的的。

在中华人民共和国财政部主导制定的《企业内部控制基本规范》中，第三十五条对如何激活绩效管理做出了明确规定，即企业应将绩效评价的结果作为"确定员工薪酬以及职务晋升、评优、降级、调岗、辞退等的依据"，并将以上内容与绩效利益相关联，以更好地实现绩效管理。

4.4.1　绩效与薪酬关联

在某些企业，"拿多少钱，干多少事""干多干少都一样"是员工普遍存在的思想，出现这种思想的原因，主要在于企业没有制定完善的奖励机制和可实施的绩效管理系统，导致员工产生"付出和回报不成正比"的想法。这种想法不仅会影响员工工作的积极性，甚至会阻碍企业进一步发展。因此，企业可以通过将绩效与薪酬关联，消除员工的负面思想。

一般情况下，员工的薪酬结构由不同部分组成，例如，"底薪＋社保"薪酬结构、"底薪＋绩效＋社保"薪酬结构、"底薪＋绩效＋福利津贴＋社保"薪酬结构等，都是常见的薪酬结构。其中，底薪通常是相对固定的部分，而绩效则与员工的薪酬有着十分密切的关系。绩效评价的等级不同，相对应的金额也就不同，即绩效越高，员工能够获得的薪酬越高，绩效越低，员工能够获得的薪酬越低。

以 A 公司为例，销售专员的薪酬结构为无责底薪 2000 元＋提成（2%/ 单）＋绩效 0 ～ 800 元＋月度首单奖 200 元＋月度销冠奖 500 元＋社保。在销售专员的薪酬结构中，无责底薪是固定的，而提成、绩效和奖金则是根据销售专员的业绩进行计算的。业绩越好，提成、绩效和奖金越高，反之，则越低。

应当如何处理绩效对员工薪酬的影响，处理好员工绩效与薪酬之间的关系呢？可以通过以下方法完成绩效与薪酬的关联。

（1）采用市场通用的薪酬结构。随着我国教育水平的不断提高，大部分企业对应聘者的第一印象来自学历，在学历的基础上辅以能力和经验进行评判，最终定薪。在这种情况下，单一的薪酬结构已经无法满足企业日益丰富的需要，多数企业在薪酬结构的设定上都更为多元化，由此形成了大多数企业通用的薪酬结构，即"岗位工资＋绩效工资＋福利津贴＋社保"。

一般情况下，岗位工资是相对固定的，能保障员工基本的生活所需。绩效工资是企业根据员工的工作成果给予的，是浮动的，且不同员工之间可能差距较大。福利津贴即企业为员工提供的补助，例如高温补贴、室外补贴、技术工人补贴、证书补贴、节日福利等。社保即国家法律规定的企业必须为员工缴纳的医疗保险、失业保险、生育保险、工伤保险和养老保险。

在上述薪酬结构中，最能体现出员工业绩水平、最能拉开薪酬差距的，非绩效工资莫属。这也证明了绩效与薪酬关系的紧密性。

（2）善用绩效薪酬的激励作用。从马斯洛需求理论的五个层次来分析，大多数员工通过工作获取的经济收入，是其基本生活需求的保障，保障基本生活需求也是薪酬的基本功能。除此之外，薪酬同样具有精神激励的功能，薪酬越高则激励效果越明显，员工工作则越努力，有利于良性循环的形成。在大多数情况下，高额薪酬必然与绩效关联、通过绩效实现。企业只有将绩效与薪酬深度关联，才能更好地发挥薪酬在绩效管理中的激励作用。

4.4.2　绩效与调薪关联

调薪，顾名思义，即调整员工的薪酬。关联绩效与调薪，即企业根据员工的综合表现进行薪酬调整。调薪可以分为加薪和降薪两种形式，适当的薪酬调整能提高员工工作的积极性。即便如此，企业也不能一味地加薪或降薪，只有结合企业发展战略、盈利情况和员工表现进行调薪，才能使调薪更具有针对性，从而提高员工对薪酬的满意度。

1.　调薪的类型

调薪并不是简单的金额加减，对时机的把握十分重要，通常将调薪分为 3 种类型，如图 4.4-1 所示。

1	年度调薪
2	能上能下调薪
3	绩效调薪

图 4.4-1　调薪的 3 种类型

按照时间可以将调薪分为年度调薪和能上能下调薪两种类型。同时，根据绩效与调薪的关联可知，还有绩效调薪这一类型。

（1）年度调薪。年度调薪是员工薪酬调整的重要内容，是以年度为周期进行的调薪。

（2）能上能下调薪。能上能下调薪，即根据员工不同时间段的表现进行调薪。能上能下调薪通常以季度为周期。

某企业绩效考核等级是 A、B、C、D，当某一员工在第一个季度绩效拿到了 A 级，薪酬可以上调一档。若连续两个季度绩效为 A 级，薪酬可以在第二个季度上调两档。如果员工在第一个季度或连续两个季度绩效为 D 级，则予以下调一档或两档。

（3）绩效调薪。绩效调薪即以员工绩效评价结果或绩效等级为依据进行调薪。

某企业规定，当生产部门的员工月绩效积分累计到 5 分或 10 分时，该员工的薪酬可以上调一档或两档。

2. 影响绩效与调薪关联的因素

绩效与调薪的关联受多种因素的影响。

（1）绩效与调薪之间的关联应建立在企业有系统、科学、公平的绩效管理系统的基础上。

（2）企业经营过程中，降本增效是管理者关注的重点，调薪不仅要以绩效评价结果或评价等级为依据，还要考虑由此产生的成本问题。

（3）企业想使绩效管理有效、充分地推进，就应根据员工绩效评价的等级，建立绩效与调薪的关联。例如，员工绩效评价的等级越高，相对应的薪酬上调的额度越高，员工绩效评价的等级低，则对这些员工进行适当的薪酬下调，以此实现调薪的激励作用。

（4）企业应明确每一名员工的薪酬在全体员工薪酬中所处的等级，并以员工的薪酬等级为依据，确定调薪的具体范围。

某企业规定，对于收入较高的员工，如管理人员，其上调和下调薪酬的范围不应超过其岗位工资的范围，以降低流失风险。对于收入较低的基层员工，可以适当提升其薪酬上调的额度，从而进一步提升薪酬调整的激励效果，促进企业战略目标的实现。

4.4.3　绩效与晋升关联

晋升，是指在企业中员工由低职级向高职级升迁的过程。对晋升十分看重，马斯洛的需求理论也将自我实现作为人们顶层的需求。基于此，将绩效与晋升关联，能最大化地发挥绩效管理的促进和激励作用。

1. 晋升条件

绩效并非晋升的唯一依据，在绩效与晋升关联的基础上，企业还应根据员工能力、经验、技术水平等各方面因素进行综合评估，以确定员工是否符合晋升的条件。图 4.4-2 所示为员工晋升的条件。

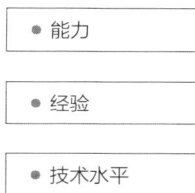

图 4.4-2　员工晋升的条件

（1）能力。能力涵盖的范围较广，从晋升的角度来看，除了基本的工作能力外，文字表达能力、口头表达能力、人际交往能力和领导能力，也是影响员工考核结果的因素。

（2）经验。经验，也可称为资质，即员工在相关行业或不相关行业的工作时长、工作成果等内容。一般而言，员工的经验越丰富，晋升便越快速。

（3）技术水平。相对于普通岗位，一些与专业技能相关的岗位，对员工的技术水平有一定要求，如美容师、裱花师、工程师等。

2. 绩效与晋升关联的方法

企业要想实现绩效与晋升的有效关联，就需要将以下两点内容作为基础和依据。

（1）制定完善、透明的晋升机制。近年来，在国家"大众创业、万众创新"相关政策的引导下，国内中小型企业的总数大幅度增长，其中，尤以小微企业数量较多。然而，大部分小微企业受经济、文化等各方面因素的限制，存在非常显著的人力资源管理问题，即没有完善、科学的员工晋升机制，且岗位设置普遍存在"一个萝卜一个坑"的现象，导致没有足够的个人上升空间。在这种情况下，员工即便工作努力、绩效评价结果优秀，也看不到晋升的希望，进而丧失工作的动力。

企业应借鉴成功企业的晋升机制，将晋升通道和晋升标准公之于众，并与绩效管理相结合，给予员工工作的希望和动力。

（2）做好岗位价值评估。企业可以将不同岗位按管理序列、销售序列和技术序列进行划分，在明确不同岗位职责的基础上，做好对各岗位的综合价值评估，并以岗位价值评估的结果制定符合各岗位工作的绩效考核标准。

4.4.4 绩效与评优关联

评优，顾名思义，是指评选优秀的员工。大部分企业会选择以月度、季度或年度为周期，进行优秀员工评选。以销售业务为主导的部门，甚至会每日、每周为业绩优异的员工发放荣誉奖章、礼品等奖励，以促进员工工作积极性的提高。

无论采用何种形式，企业评选优秀员工的依据都是相同的，即绩效。绩效与评优的深度关联，是企业战略得以落实的重要保障，也是企业实现资源合理分配的重要方式。

事实上，将绩效与评优关联，激励员工努力工作的方式由来已久，且应用范围极广，不仅是企业，政府部门也将其列为提升工作人员积极性和主动性的重要途径。

江苏省泰州市水利局在 2013 年实行将绩效考核结果与评先评优挂钩，即按绩效考核结果由高到低依次排序，并将绩效考核结果作为部门评先评优的直接依据。

由此可见，即便是非营利组织，对绩效与评优关联的功效也抱有很大的期望。

1. 评优的内容

评优的内容以绩效考核的内容为主，包括员工的工作态度、工作质量、工作效率和工作协调性等内容。其中，较好的工作态度不仅指员工在处理本职工作及相关工作的过程中保持严谨、积极和乐观的态度，也指员工不缺勤、不迟到和不早退，保持正常的考勤记录。

2. 绩效与评优关联的原则

绩效考核结果能为评优提供客观的事实依据，但在评优的过程中企业仍需遵守以下原则，如图 4.4-3 所示。

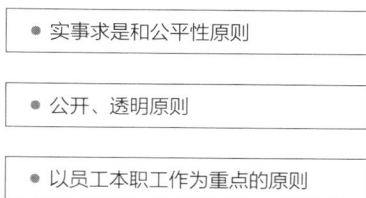

- 实事求是和公平性原则
- 公开、透明原则
- 以员工本职工作为重点的原则

图 4.4-3 绩效与评优关联的原则

（1）实事求是和公平性原则。评优人员在进行评优时要以员工实际的绩效考核结果为依据，以客观的态度进行考核，做到实事求是，保证评优结果的公平。

（2）公开、透明原则。公开、透明原则包括考核标准的公开和透明，以及考核过程和结果的公开、透明。企业在对员工进行评优时，评优的标准和结果要向全体员工公开。

（3）以员工本职工作为重点的原则。评优的目的在于激发员工工作的积极性，提高员工的工作质量和工作效率。企业要将员工的本职工作作为评优的重要依据，避免形式主义，不要本末倒置。

企业只有坚持以上原则，才能使评优成为激发员工积极性和提高员工工作效率的重要手段。

4.4.5 绩效与合伙人股权资格关联

合伙人股权资格属于能有效提高员工忠诚度和工作主动性的股权激励方案。所谓合伙人股权资格，是指企业为了肯定和表扬员工的工作成果，实现对员工的继续激励，在对市场情况、员工的岗位职责、绩效指标、考核结果等进行综合评估后，给予员工企业部分股权。

企业应以员工工作成果和贡献为确定合伙人股权资格的主要依据，即以绩效作为衡量员工是否具有合伙人股权资格的主要依据。基于此，将绩效与合伙人股权资格充分关联，对提高企业经济效益和促进企业发展有非常重要的作用。

1. 合伙人股权的分类

合伙人的股权可以分为虚拟股权和实际股权两种。其中，虚拟股权的"虚拟"是相对于实际股权而言的，是指合伙人只在名义上持有股份，且只享有所持股份的分红，不享有主张企业事务的任何权利，如表决权等。实际股权则是指合伙人在享有所持股份分红的同时，也享有《中华人民共和国公司法》规定的股东应当享有的权利，能对企业事务产生一定的影响。

2. 合伙人股权资格如何与绩效关联

不论是授予虚拟股权，还是实际股权，都是企业对员工进行股权激励的手段，其最终目的在于通过提高员工忠诚度和主动性，实现企业经济效益的增长和市场地位的提升。

企业在授予员工合伙人股权资格时，可以先选择授予其虚拟股权，并以授予虚拟股权后的绩效考评结果作为是否授予其实际股权的重要依据。例如，员工在此基础上，绩效仍然保持原有水平或进一步提高，企业则将其虚拟股权转化为实际股权，以使员工为企业创造更大的价值。

3. 合伙人股权退出机制

合伙人股权资格对吸引和激励人才有一定的好处，但并不是企业留住人才的绝对保证，同样也存在难以忽视的风险。为避免企业利益受损，企业在赋予员工合伙人股权资格时，应对员工的退出行为加以限制。对此，编者就员工与企业双方签订的合伙人协议中关于合伙人退出的内容做出以下归纳和总结。

（1）合伙人股权与服务期限挂钩。除企业股东外，因绩效考评优良而获得合伙人股权资格的员工，其所持有的股权效力要与其服务期限挂钩。

（2）设定高额违约金条款。在合法的基础上，在合伙人协议中设定高额的违约金条款，可以有效避免合伙人离职却不交出股权的行为，从而保证企业的利益。

（3）规定合伙人中途退出，在企业按照规定将股权进行溢价或折价回购时，应配合企业工作。

第 5 章
股权设计及股权激励模式

　　企业创立初期，产品、技术、渠道也许是其重要的核心竞争力，随着企业的做大做强，人（股东）的重要性就越发凸显。股权，集中反映股东的权、责、利，体现股东在企业中的话语权。股权架构是企业治理结构的基础，不同股权架构决定了不同的企业组织结构和治理方式，最终影响着企业的行为和绩效。

5.1 股权的概念

企业创始人有必要了解股权分配的方法，而这应该从了解股权的相关概念开始。

5.1.1 股权是什么

股权是指企业股东通过合法方式，获得企业股份，并根据其所拥有的股份比例而享有的权益，以及应当承担的责任。

股权的分类如下。

1. 自益权与共益权

从股权内容和行使股权的目的来看，股权可以分为自益权与共益权两种，表 5.1-1 所示为自益权与共益权对比。

表 5.1-1　自益权与共益权对比

类别	具体内容	举例
自益权	主要是财产权，是指股东为了自己的利益与目的而行使的权利	如股利分配请求权、企业盈余分配请求权、股份转让权、新股优先认购权等
共益权	是指股东为了自己的利益与目的，兼顾企业利益，而行使的权利	如股东会议召集权、表决权、提案权等

2. 单独股东权与少数股东权

单独股东权，是指股东持有每一单独股份在企业内所享有的权利，即无论股东持股数量有多少，均拥有的相关权利。少数股东权是指拥有企业股份达到一定比例才能行使的特定权利。

3. 普通股东权与特别股东权

普通股东权与特别股东权对比如表 5.1-2 所示。

表5.1-2　普通股东权与特别股东权对比

类别	具体内容	举例
普通股东权	又称为一般股东权，是指持有普通股所产生的股东权，普通股东权的每一股都有着相同的权利与义务	—
特别股东权	是指在股份有限公司中，特定股东所拥有的权利	例如对公司某些事项的优先表决权、优先获得股息和红利的权利等

除了上述分类外，与股权相关的重要概念，还包括股权结构也称股权架构和股权激励。

股权结构，是指公司股份总额的内部构成，即构成股份有限公司的不同主体持有股份的多少、占公司股份总额的比例以及股份性质等股权特征。股权结构是公司治理机制的基础，决定了股东结构、股权集中程度以及大股东身份。不同的股权结构，会导致股东行使权利的方式与效果有很大区别，进而对公司治理模式的形成、运作与绩效产生较大影响。这意味着股权结构对公司的内部治理机制产生直接作用，并对外部治理机制产生间接作用。

在股权结构设计过程中，不能不考虑股权激励。

股权激励是指股份有限公司通过给经营者一定股权，使得他们获得一定经济效益与权利，从而激励他们尽责地为股份有限公司长期发展而服务。

股权激励有 3 个特点，分别为长期性、集体性和稳定性，如表5.1-3所示。

表5.1-3　股权激励的 3 个特点

特点	内容	价值
长期性	股权激励是长期的激励机制，让员工拥有股份获得股东权益，员工成为企业的所有者之一	员工不但会关注公司的近期成绩和业绩，也会关心公司的长远发展，真正对公司发展负责
集体性	股权激励能够让员工利益与公司的利益紧密相关，让员工和公司成为利益共同体	增强集体的凝聚力，充分调动员工的积极性与创造性
稳定性	股权激励能让员工更加稳定，能让公司的人事结构更加稳定。因为员工在公司内不仅能被满足工资、奖金等薪酬方面的需求，也会被满足自我实现和尊重需求	股权激励为员工满足人生价值方面的追求提供了平台，能够帮助公司吸引并留住人才，保证公司团队的稳定性

5.1.2　合伙人股权布局的 8 个死局

股权与股权结构，无疑是众多公司重视的管理内容。然而，态度上的重视，并不代表着方向的正确，更不是必然会带来成效。在实践中，公司股权结构的最初设计与布置不当，很容易形成死局，导致公司踏上衰败之路。

图 5.1-1 所示为合伙人股权布局的 8 个死局。

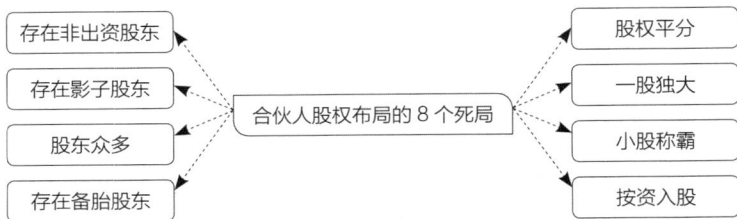

图 5.1-1　合伙人股权布局的 8 个死局

1. 股权平分

在公司创立之初，合伙人很容易陷入平分股权的误区，埋下未来矛盾冲突的种子。

例如，1977 年，苹果公司股权结构变更为乔布斯占股 30%、沃兹尼亚克占股 30%、马库拉占股 30% 以及另一位工程师占股 10%。随着苹果公司的上市，乔布斯所占股份被稀释为 15%，第二大股东马库拉占股 11%。由于和马库拉产生矛盾，乔布斯说动斯卡利出任 CEO。但斯卡利最终在马库拉的支持下，将乔布斯的职务解除，仅仅保留了其董事长的虚职，这最终导致乔布斯出走，直到 1996 年才回归。

上述案例中，乔布斯出走有很多原因，但当时苹果公司股权结构上最大的问题，在于平分股权。

在设计股权结构时，创始团队不应平分股权，只有有足够优势的股权核心，才能确保未来公司发展的稳定。如果按照创始合伙人数量将股权平分，很容易让每个人都看到自身成为领袖的可能性，即便公司发展壮大，也容易走向分裂。

2. 一股独大

从表面来看，一股独大与股权平分截然相反，公司中某股东占据 51% 以上，甚至 70%、80% 的股份，处于绝对控股地位。由此，公司股权大部分集中于这位股东手中，形成了事实上的一股独大。

一股独大的股权结构，在公司发展初期可能会产生积极作用。但随着公司成长壮大，个人决策风险会越来越大，容易出现领导判断错误而导致战略错误的情况。同时，一股独大也不利于调动其他股东参与公司经营管理的积极性。

3. 小股称霸

在企业中，某个股东虽拥有的股份比例较少，但对经营管理决策拥有强大的话语权或影响力，即小股称霸的特征。

某知名企业的合伙人 A 和 B，最初分别拥有 51% 和 49% 的股份。随着企业发展壮大，新引入技术人才 C。A 和 B 分别拿出 2% 的股份，将总计 4% 的股份转让给 C。新的股权结构如下：A 掌握 49% 股份，B 掌握 47% 股份，C 掌握 4% 股份。此时，无论 A 还是 B 想要获得控股优势，都需要获得 C 的支持。结果，小股东反而支配了大股东。

在这种情况下，小股东实际拥有的权利，与其所持的股份严重不符，这无疑在企业成长路径上埋下了隐患。

4. 按资入股

所谓按资入股，是指合伙人直接按照投入企业的资金，进行股权的分配。

从数学上看，按资入股是公平的。但从实际经营角度看，一家企业显然不应只是按照资金投入来分配股权，还应该考虑到人力贡献、专业技术、特殊资源等。只有综合各方面因素，才能最终确定所有合伙人各自的股权比例。

5. 存在备胎股东

备胎股东，是指部分股东同时经营多家公司，或者向多个事业和项目投资，因此无法全身心参与其中某个企业经营中。企业采用存在备胎股东的股权结构，会导致股东无法全心全意团结地决策和管理，具有相当高的风险。

6. 股东众多

经常出现这样的情形：为了筹集到更多的资源，一家创业企业选择通过股权众筹组成数十人的股东团队。然而，在这样的企业中，由于股东人数众多、关系复杂，没有真正可以服众的核心人物。一旦企业内出现问题，或者股东之间产生矛盾与纠纷，就很可能出现一盘散沙的局面，没有人能够带头负责。这样的企业，即便看起来产品优秀、技术出色、人气鼎盛，也始终面临巨大风险。

7. 存在影子股东

影子股东是指不实际出资或用不符合法定出资形式的要素出资，而占有公司一定比例股份的股东。企业家在初创企业时，有可能因为客观需要，引入干股，向某些不提供任何资源的股东分红。在创业初期，影子股东的存在还不会出现较大影响，一旦企业做大，影子股东所获得的利益就会越来越大。同时，存在影子股东的股权结构事实上也是不规范的，必然会影响到企业未来的上市和资本运作。

8. 存在非出资股东

虽然某些合伙人是企业股东，但他们实际上没有以任何资金去购买企业股份，即所谓的非出资股东。

根据相关法律规定，股东不履行出资义务，不能拥有企业的股权，存在非出资股东的股权结构，是不合法的。而在实际运营中，这种情况也会干扰企业正常管理体制的建立和运营。

5.1.3 股权是祸还是福

股权，是合伙企业或股份企业的根系所在。许多创业团队都非常重视股权的分配与使用，希望能以此激发企业最大的生命力。那么，股权究竟是为企业埋下了福根还是祸根呢？

案例一：股权结构不合理导致公司被恶意收购

从 2015 年年末到 2016 年年初，万科公司与宝能系公司的一系列竞争行为备受市场关注，也暴露出万科公司股权结构的不合理问题。

早在 1989 年万科公司上市之前，王石拥有这家公司 40% 的股权。公司上市之后，他放弃成为万科公司大股东的机会，而是成为职业经理人。此后，尽管万科公司推行了期权激励计划，但管理层在万科公司大股东面前始终没有话语权。从 2015 年开始，宝能系公司开始买入万科公司股份，至当年 12 月 31 日，宝能系公司买入万科公司约 24.26% 的股份，成为万科公司第一大股东。随后，王石在声明中表示不欢迎宝能系公司，万科公司宣布停牌并开始策划资产重组，试图取消宝能系公司大股东的地位。

宝万之争的起因非常清晰：万科公司不注重股权的合理分配，忽视了股权结构的健康设计，最终导致宝能系公司的恶意收购。

案例二：股权结构不合理导致公司无法上市

原土豆网 CEO 王微和妻子杨某，曾共同创业，为公司倾注心血。初创时土豆网的股权结构是：王微占股 95%，杨某占股 5%。

虽然企业发展很好，但他们的婚姻却很短暂，2010 年 3 月，双方着手离婚。而仅 8 个月之后，土豆网即将上市，为此，杨某起诉王微，要求分割土豆网 38% 的股权。

在王微方看来，土豆网是婚前注册的，双方婚姻关系又只维持了两年多，王微的股权应该属于婚前财产。但在杨某方看来，土豆网在两人婚后多次接受注资，在王微 95% 的股权中，有 76% 涉及夫妻共同财产。

由于这起诉讼，法院冻结了土豆网 95% 的股份，土豆网的上市之路暂时中断。此时，土豆网最大的竞争对手优酷网率先上市，并受到资本市场的热捧。直到 9 个月后，王微和杨某的离婚官司终结，土豆网才开始重新筹备上市，但市场却发生了重大变化，土豆网错过了高速发展的机会。

餐饮企业真功夫也出现过类似情况。由于该企业创始团队属于家族团队，牵涉到多个家庭，当创始人之间由于股权问题出现纷争时，这个中式快餐企业的上市之路也就变得遥遥无期了。

透过上述案例，企业家应该看清，即便是亲密无间的夫妻或家人，在合伙经营企业时，也应该努力优化股权结构，这样才能避免陷入难以上市的困境。

股权结构的设计，归根结底是对企业内利益的制度性分配。只有将适当的利益以正确的方式，交到正确的人手中，这样的股权结构才能推动企业发展。为了让股权成为企业的福根而非祸根，必须要通过良好的设计和谨慎的操作解决两个根本问题：

第一，如何通过股权的分配，争取到更多内外部资源；

第二，如何确保在股权分配之后，企业的控制权依然在主要股东的掌控之下。

正因为如此，企业必须正确设计股权结构，确保将风险降到最低。

5.2　股权架构设计的 5 种模式

对于企业尤其是创业企业来说，股权架构设计尤为重要。企业在发展过程中可以利用股权架构设计引进外部资本，进而加速企业发展。股权架构设计关系到资本在企业中的利益，也是决定资本投资意愿的关键因素之一。

企业通过股权架构的设计，可以明晰股东的权责利，确保创始人对企业的控制，从而顺利实现企业的融资目的。此外，稳定且合理的股权架构也是企业 IPO 的必要条件。

如果股权架构设计不当，轻则给企业发展埋下隐患，重则令创始人失去企业控制权，甚至是被踢出企业。

5.2.1　股权架构设计的 6 个原则

没有万能的模式能让每个企业在进行股权架构设计时可以直接套用。好的股权架构，一定是基于企业的商业模式和未来的发展规划而定制的，但这并不意味着股权架构设计是没有章法可循的。

股权架构设计一般遵循 6 个原则，如图 5.2-1 所示。

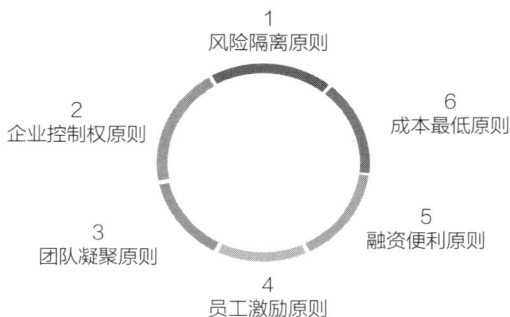

图 5.2-1　股权架构设计的 6 个原则

（1）风险隔离原则。风险隔离原则用于指导企业在股权架构设计中对企业风险与股东个人风险进行隔离，这是股权架构设计中维护股东利益的基本原则。

现代企业制度的基石是股东有限责任制，即股东在出资范围内对企业的债务承担有限责任，这极大地调动了股东出资设立企业的积极性，为提高社会生产力发挥了巨大作用。股东有限责任制是现代人类发明的最伟大的制度之一。

例如，一人有限责任公司因财产混同而导致公司的法人人格不独立，则股东需对企业的债务承担连带责任。在我国的司法实践中，对于夫妻共同占股 100% 的有限责任公司，曾出现过法院认定股东对债务需负连带责任的司法裁判。因此，在进行企业股权架构设计时，首先要维护企业的法人人格独立地位和股东的有限责任。

（2）企业控制权原则。企业控制权与控股权并不是一个概念，股东拥有控股权是指股东在企业的股权中占有控制性地位，而股东拥有控制权是指股东能按照自己的意志实现对企业的经营发展事项的掌控。一般情况下，拥有控股权就能拥有对企业的控制权，但有时即便创始人不占优势股权地位，也能通过制度设计实现对企业的控制。

企业快速发展壮大离不开资本的加持，多轮融资之后，创始人的股权会被逐渐稀释，其控股比例会变小。创始人未获得控股权并不可怕，但失去控制权可能就意味着为他人作嫁衣了。

创始人在设计股权架构的时候要牢牢把握企业控制权原则，灵活运用有限合伙企业、多层控股公司等组织形式，结合委托投票权、AB股等模式，实现自身对企业的控制。

（3）团队凝聚原则。创始人100%控股固然具有好处：创始人只为自己打工，必然会全力以赴；一个人就能决定企业的所有事务。但人的精力和见识都是有限的，企业在逐渐发展壮大的过程中，靠个人很有可能撑不起来，联合优秀的人才一起创业才是时代的潮流。

股权架构设计要落实团队凝聚原则，用规制和固定创始团队之间的权益与责任，规避人性的弱点，凝聚所有积极力量为企业的发展服务。

（4）员工激励原则。对于企业来说，人才是发展的不竭动力源泉，没有充足的人才，即便创始人的眼光再精准、能力再突出，也无法落实企业的战略，企业应通过激励的方式留住人才。传统的员工激励方式就是加薪，但加薪给不了员工归属感和无法满足员工自我满足、自我超越的需要。

企业留住人才的常用手段就是利益捆绑，让其变股东，成为企业的主人，让人才与企业形成利益共同体，让其甘心为企业的发展而奋斗，并在企业发展壮大的过程中实现自我价值。

员工激励原则，是指在企业的股权架构设计中应考虑到企业员工未来的激励计划，为企业日后引入股权激励提供便利，增强股权激励方案落地效果，降低股权激励方案落地成本。

（5）融资便利原则。阿里巴巴、美团、滴滴等企业成功的案例，无不说明了资本在企业快速发展过程中的巨大作用。资本能帮助企业快速占领市场，拉开与竞争对手的差距。外部投资人在投资企业时，首先看重的就是企业股权架构是否合理。如果企业股权架构不佳，投资人会直接打消投资意向或者要求企业合理调整股权架构。企业在调整的过程中可能就会错过引进投资的最佳窗口期，导致付出巨大的时间成本和资金成本。如果企业想要通过 IPO 进行融资，合理的股权架构也是必要条件。

创始人在设计企业的股权架构时，一定要为未来引进资本预留空间，为外部融资提供股权架构上的便利，增加投资人的投资意愿，降低融资的成本，提高融资的成功率。

（6）成本最低原则。设计股权架构时，需要考虑到执行成本，包括各类税费等。如果股权架构设计没有充分考虑成本因素，就不能说是一个成功的方案，因为它要么增加了股东的负担，要么隐藏了法律风险。

成本方面，应着重考虑税负因素。股权架构设计的税负因素主要涉及企业所得税、个人所得税等。在税负优化工具方面，股权架构设计需要考虑到所得税税率，合理利用税收优惠政策，灵活运用母子公司、非货币性资产出资等特殊性税务处理原则。

5.2.2　完全控股模式：占股 100%

完全控股，顾名思义就是企业的创始人 100% 控股，创始人拥有对企业所有事项的决定权。这种完全控股模式固然可以让创始人牢牢把握住企业控制权，但这种模式已经不适应现代企业的发展壮大需求，一般只出现在企业的初创期（一人有限责任公司除外）。

5.2.3　绝对控制模式：占股 67% 以上

创始人占股达到企业表决权的三分之二（习惯上按 67% 计算）以上，可以实现对企业的绝对控制。按照我国公司法的规定，企业的 7 项重大事项包括修改公司章程、增加或减少注册资本、公司合并或分立或解散和变更公司形式，需要股东大会 67% 以上有表决权的股东通过才能形成有效决议。占股 67% 以上也就意味着能够决定包括企业重大事项在内的基本所有事项。

5.2.4　相对控制模式：占股 51% 以上

创始人占股 51% 以上就拥有了企业过半数的表决权，对于除前述 7 项重大事项以外的企业经营一般事项都能确保表决通过，也就意味着基本掌握了企业的日常事务经营决策权。所以，创始人占股 51% 以上不到 67% 的模式就被称为企业的相对控制模式。

5.2.5　平均分配模式：各股东股权比例相同

平均分配模式主要是在创始人之间按照人数平均分配全部股权，如果有 3 个创始人，每人占比为 33.33%，以此类推，平均分配模式奉行的是分配绝对平均原则。这种股权比例虽然看上去很公平，但在实践中不一定产生公平的效果。而且这种模式下产生不了大股东和控股股东，各股东会因为经营理念和自身利益的不同，在企业的重大事项面前有各自看法，难以形成决议，造成企业经营发展的困局。

5.2.6　丧失控制权模式：占股 34% 以下

创始人拥有三分之一（习惯上按 34% 计算）表决权的股权时，不能完全决定公司事务，但当股东大会需要通过修改公司章程等 7 项重大事项时，有一票否决的权利，让股东大会无法形成三分之二以上的表决权通过，从而从侧面影响企业的重要决策。如果创始人占股少于 34%，且没有委托投票权等其他控制方式，也就基本丧失了对企业的控制权。

图 5.2-2 所示为股权架构设计的 5 种模式。

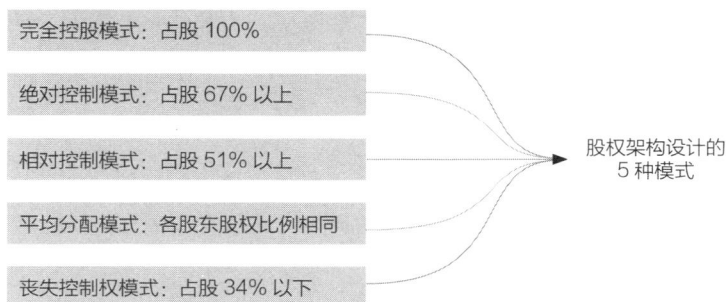

图 5.2-2　股权架构设计的 5 种模式

　　各种股权架构设计模式下股东享有的权益和对企业的控制度不尽相同，创始人在充分了解其中差别后，应根据实际需要进行选择。

5.3　股权激励

　　张先生是 A 公司的核心技术骨干，在公司创立初期，以个人专业技术为公司的发展立下了汗马功劳。竞争企业看中了张先生的才能，纷纷以高薪邀请张先生跳槽。A 公司创始团队在得知这一情况后，同张先生进行协商，对其进行股权激励。张先生看好公司的上市前景，毅然决定留在 A 公司发展。

　　股权激励，能使企业经营者或者员工通过持有股权的方式参与企业的决策、经营和分配，让员工成为企业的主人翁，自觉将自己的利益与企业的发展壮大结合到一起。

5.3.1　什么是股权激励

　　股权激励属于中长期的激励机制，是以企业股权或者股权收益权作为激励工具，通过一定的方法和程序，授予企业的管理层、技术或业务骨干，甚至普通员工，使他们参与企业的决策，分享收益、承担风险，促使员工为企业的长远发展服务。

（1）股权激励是企业的一种价值分配体系。很多人对股权激励的认识存在误区，认为将股权分配给员工会损害股东的利益，这是片面的观点。股权激励不是一种片面的福利，而是通过预设绩效目标，来激励员工为企业创造出更大价值，再从中分出一部分剩余价值给员工的方式。换言之，股权激励是以未来的价值，激励现在的员工，其分配的是增量而不是存量。

（2）股权激励有利于完善企业治理结构。尽管现代企业管理体制不断完善，但影响企业发展的症结依然存在，其中主要矛盾就是企业主与普通员工之间的利益之争。普通员工通常认为自己只是受雇于企业主为其"打工"的，无法真正做到把企业的事情当作自己的事情来办，有时甚至为了自身短期利益而做出有害于企业长远发展的事情。鉴于此，企业必须加强对员工的激励和约束。

股权激励很好地承担了这一任务，它能促使员工在关注自身利益的同时，也将促进企业的长远发展作为自身价值最大化的有效手段，避免了员工的短视行为。

（3）股权激励是人才价值的回报机制。股权激励，主要是激励人才去创造价值，人才先有贡献，再得到激励，再创造更多的价值，随之而来的是企业成长。

温氏集团自 1982 年温鹏程等人承包公社的鸡场时创立。

1986 年温氏集团就开始了全员持股计划，1990 年开始发行职工内部股票，1994年，温氏集团将股东范围扩大到公司所有合作者，包括养殖户和推销户，股东投入资产就获得一定的股票。此后，温氏集团经历了多次增资扩股，到 1999 年公司注册资本就达到 1 亿多元，到 2011 年更是达到了 31 亿元。但在公司排名前十的股东中，温氏家族成员有 5 位，他们牢牢地把握着公司的控制权。

通过温氏集团的发展壮大，可以看见股权激励对企业的巨大作用。

现代企业中，人才的价值创造力是巨大的，不能简单以工作量来衡量。企业可以给予重要人才股权激励，让人才的价值贡献与企业的持续增值紧密联系起来，通过企业的增值来衡量人才的贡献，这也是企业价值分配中权利义务相统一的基本要求。

5.3.2　股权激励的理论支持

股权激励制度自诞生以来的快速发展并不是偶然现象，具有经济学、管理学理论支撑，具体如下。

（1）委托－代理理论。现代企业的所有权与经营权是分离的，可以看成企业所有者将经营权委托给管理层行使。在委托－代理关系中，代理人可能利用信息不对称的优势，产生不以委托人的利益最大化为追求目标的道德风险。

企业经营中，当经营者的目标与企业的目标不一致的时候，经营者（也可称为代理人）有可能为了自身利益而做出有损于企业利益的行为，这种风险被称为代理风险。为了有效地降低代理风险，企业股东可以通过股权激励机制来约束经营者的行为，通过实施股权激励，使经营者变为企业的所有者之一，将经营者的利益与企业的利益捆绑在一起，使经营者维护企业的发展。

（2）产权理论。企业所有者追求企业绩效的根本目标是实现对企业利润的占有，占有的利润份额越多，追求效益的动机也就越强，两者之间是正向变动关系。股权激励机制，实现了经营者到所有者的角色转换，满足了经营者的股权需求，构建起了经营者对企业资产和利润关切的有效激励机制。

古语说，有恒产者有恒心。实施股权激励，目的是通过建立在股权基础上的契约，实现经营者对产权的拥有和利益的占有，从而激励经营者追求企业效益的提升。

（3）人力资本理论。创造价值必须依靠人力资本，人力资本是知识、技能、经验等一切代表人的能力和素质的总和。它既有人身属性，也有财产属性，它的价值必须通过财产属性体现出来。在企业中，人力资本作为一种财产性权益，需要获得因增值而产生的收益。

股权激励的人力资本理论，就是人力资本的拥有者根据其对企业的贡献度获取相应的回报，进而利用人力资本价值来实现企业的目标。

（4）管理激励理论。该理论从管理学角度出发，研究股权激励对满足人的需求的重要作用，其中著名的是马斯洛的需求层次理论（其将人的需求分为生理需求、安全需求、社交需求、尊重的需求、自我实现的需求）。股权激励，通过对人的价值的肯定来满足其尊重的需求等更高层次的需求。

管理激励理论认为，保健因素和激励因素是引起人工作动机的主要因素，激励因素能给人带来满足感。股权激励属于激励因素，能给人带来工作上的成就感、挑战感、责任感。

（5）不完全契约理论。由于信息的不完整性、交易的不确定性，加之人的有限理性，想要明晰所有的特殊权利是不可能的，也必然要付出高昂的成本，在这种情况下，不完全契约就大量存在。此时，产权就具有控制决策的重要意义。

股权激励方案的实施就是一系列不完全契约的签订过程，通过赋予经营者股权，减少明晰特殊权利的成本，提高决策的效率。

5.3.3　股权激励的原则、价值与风险

股权激励对于企业来说具有重大价值，因此才会得到企业的青睐并迅速发展。实施股权激励，必须要遵循一定原则，否则就会产生相应的风险。

1. 股权激励的原则

企业在制定和实施股权激励方案的时候，应当综合衡量多方面因素，把握以下原则。

（1）公平原则。古语有云，不患寡而患不均。公平原则是股权激励的首要原则，直接关系到激励对象的切身感受和利益。企业在实施股权激励时，主要应考虑员工的价值和对企业的贡献度等因素，而不应掺杂性别、外貌、地域、家庭背景、裙带关系等因素。

（2）动态调整原则。企业在不同发展时期的规模、经营模式、主营业务、股权架构、经营策略等情况是不同的，股权激励也需要根据企业发展的特点做出动

态调整，在激励工具的选择、激励对象的确定等方面与企业的发展状况匹配。

（3）激励与约束相统一的原则。很多企业在实施股权激励的时候，为留住人才，往往给予重要人才较大的激励空间，而忽视了设定对人才的约束机制，这可能导致激励对象为了短期自身利益的最大化，不择手段地追求企业绩效的提升，为企业的发展埋下隐患。

股权激励应遵守权利义务相统一的基本要求，对人才既要激励又要约束，在竞业禁止、同业竞争、服务期限、保密协定等方面加强对激励对象的约束。

（4）因地制宜、量身定制原则。即便是同行业类似规模的企业，情况也是千差万别的，同样的股权激励模式在不同企业中的效果也是不同的。因此，企业在制定和实施自身股权激励计划和方案时，不能照搬照抄其他企业的成功经验，而是应该量体裁衣，选择适合自身的激励模式。

2. 股权激励的价值

企业股权激励的价值，可以从企业、企业所有者、员工三个角度来分析。

（1）从企业的角度来看。股权激励有助于完善企业的治理结构，达到股权明晰、管理规范等目的，顺利实现企业的现代化转型升级。通过股权激励，企业还能留住人才，提高员工工作的积极性和效率，从而提升业绩。

股权激励并非福利，也需要激励对象支付一定的对价，从这点来看，股权激励可以有效缓解企业发展中的资金短缺难题。

（2）从企业所有者的角度看。传统企业实行雇佣制的劳动生产关系，员工只是为企业所有者提供劳动，企业所有者想要出更少的钱让员工干更多的事，员工想要少干事多拿钱，双方处于对立的关系中，必然不利于企业内部的和谐。

实施股权激励后，员工变成了企业的所有者之一，与企业形成利益共同体，员工能对企业事务发挥主观能动性。

（3）从员工的角度看。在企业没有实施股权激励之前，员工只是普通的"打工"者，不能把企业的发展当成自己的利益；对企业有特别贡献的员工，也无法通过薪酬的增加来体现其价值，员工感受不到被尊重，其自我实现的需求无法被满足。

实施股权激励之后，员工成为企业的主人翁，不但在收益上有了质的提升，而且找到了归属感，员工更愿意自觉受企业管理机制的约束。

3. 股权激励的风险

股权激励对企业发展有重要意义，对企业所有者与员工的利益保护也具有重大的价值，但这并不代表股权激励就没有风险。如果股权激励实施不当会给企业带来巨大的风险。

（1）企业控制权稀释。股权激励毕竟是以让渡部分股权或股权收益为代价的，如果实施不当，可能会造成企业控股股东的股权被稀释，从而减弱其对企业的控制力，这也是很多创业企业创始人在实施股权激励时最为担心的问题。

（2）引发企业内部矛盾。实施股权激励的初衷之一是留住人才，激发员工的积极性，但股权激励的方案不够公正和科学，也会带来风险。激励的范围过广，会让部分没有特别贡献的员工获得与其贡献不匹配的激励，助长其懒惰心理；激励范围过窄，有些做出了特殊贡献的员工可能就得不到激励或者得不到足够的激励，从而使这部分员工产生怨愤心态，不利于企业内部的和谐稳定。

（3）增加企业的财务成本。股权激励方案，是用市场的钱和未来的收益来为现在买单，但一旦激励方案过于超前，或者企业的业绩达不到预期，企业在短期内就会面临着财务成本增加的风险。

图 5.3-1 所示为股权激励的风险。

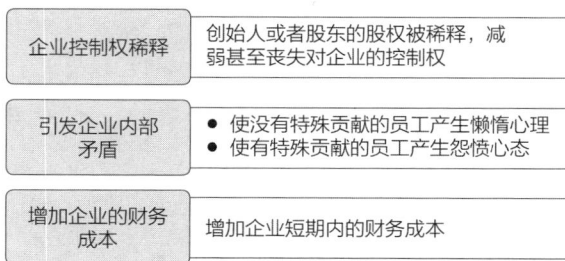

企业控制权稀释	创始人或者股东的股权被稀释，减弱甚至丧失对企业的控制权
引发企业内部矛盾	● 使没有特殊贡献的员工产生懒惰心理 ● 使有特殊贡献的员工产生怨愤心态
增加企业的财务成本	增加企业短期内的财务成本

图 5.3-1　股权激励的风险

除上述风险之外，股权激励还会让企业面临经营风险、法律风险等诸多风险，需要企业的所有者和经营者拿出魄力和智慧来应对。

5.4　股权激励八大模式

即使是中小企业，也有可能通过不断努力，成长为未来的大企业。在向上攀登的过程中，股权激励模式是影响企业命运的关键所在。选择正确的股权激励模式，能够以不同方法，解决企业所面对的特定问题。

5.4.1　股票期权模式

股票期权模式，是指公司给予高级管理人员和技术骨干一定的购买公司普通股的权利，相关人员只有在一定期限内且达到一定条件后，才能以事先约定的价格购买。

员工持有股票期权之后，就可以在规定时间内，以事先约定的价格购买公司股票，该过程称为行权。在行权之前，股票期权无法带给持有人任何现金收益；行权之后，个人收益是行权价和行权日市场价之间的差额。员工可以在规定的时间内，自行决定何时出售行权所得的股票。

例如，某公司决定授予某高管股票期权 10 000 股。具体分配方式如下。该高管在公司服务 3 年，并达到业绩考核条件后，即可以 5 元 / 股的价格，购买公司 10 000 股股票。3 年后，该高管行权时，公司股票价格已上涨为 10 元 / 股，那么该高管可获得的收益即为差额 50 000 元。

股票期权模式是上市公司普遍采用的一种股权激励模式。这种模式不仅适合上市公司，也适合非上市公司。在有限责任公司中，该模式也被称为股份期权。目前，股票期权模式主要运用在资本增值较快、人力资本增值效果明显的公司

（如高新技术公司等）。

总体来看，股票期权模式的优势如表 5.4-1 所示。

表 5.4-1　股票期权模式的优势

优势	内容	价值	举例
具有长期激励效果	股票期权模式是一种长期的激励形式，本质是公司赋予激励对象在未来购买公司股票的选择权。激励对象可以按照与公司的约定在规定的时期内以行权价购买公司的股票，也可以放弃购买股票的权利	股票期权模式将高级管理人员的薪酬与公司长期利益捆绑起来，鼓励他们更多地关注公司长远发展，而不是仅仅将注意力集中到短期财务指标上	—
不行权没有额外的损失	获得股票期权后，员工依然有是否行权的选择权	股票期权模式能增强集体的凝聚力，充分调动员工的积极性与创造性	假设员工达到业绩考核要求，到了行权日可以行权时，他有权选择行权，也有权选择不行权。例如，授予股票期权时，确定的行权股价为 5 元，但到了行权日，公司股价却跌到 3 元，此时员工就可以选择不行权，其并不会产生任何损失
有利于降低激励成本	一方面，股票期权有较长的等待期，避免了公司为了进行激励，在短时间内支付给激励对象大额现金的压力；另一方面，激励对象考核达标，而他所获得的奖励是由股票差价所产生的，并不会让公司产生现金支出	股票期权模式实际上是以社会财富来激励员工的，即所谓的"公司请客，市场买单"。不仅如此，如果公司业绩良好并受到资本市场认可，行权价与市场价差额较大，则激励力度比较大，有利于降低委托代理成本	—

当然，股票期权模式也有其缺点。例如，股票市场存在风险，员工也有可能遇到市场价低于行权价的情况，并因此无法在行权日之后马上获得收益。在这种情况下，员工（尤其是高管）也有可能出现某些短期经营行为以满足自身利益需求。

5.4.2　受限股模式

受限股（也称限制性股票）模式，是指公司向激励对象授予一定数量的本公司股票，而激励对象想要出售该股票获利的前提是达到公司的锁定期和业绩考核要求。

在实践中，限制性股票模式分为两种操作形式：折扣购股型限制性股票和业绩奖励型限制性股票。所谓折扣购股型限制性股票，是指激励对象需出资购股，价格相对于二级市场价格有一定折扣；所谓业绩奖励型限制性股票，是指激励对象不用出资购股，公司从二级市场购买本公司股票，再授予激励对象。

限制性股票与股票期权有相似之处，但实质上有较大差别。限制性股票模式更适合创业公司，因为此时的公司与员工都缺乏资金。而股票期权模式则适合发展态势已经较为明朗的公司。

例如，某高管获得创业公司授予的 5000 股受限股，锁定期为 5 年。5 年后，该高管通过了业绩考核，要求进行行权。此时，该公司股价为 20 元，他可以通过出售股票，获利 10 万元。

受限股模式最大的特点，在于其激励效果与二级市场上股价波动关系不大。相比需要通过股票差价获利的激励模式，受限股模式是以股价绝对值计算收益的，即使行权时遇到股价下跌，激励对象依然能够获得收益，只是获得的收益会相对减少。

此外，受限股模式也有较为明显的缺点。

例如，长期业绩目标和股价之间平衡性的科学确定，存在一定难度。尽管激励对象在行权时都能获得激励收益，但如果股价下跌，收益就会减少，同时公司对激励对象考核的标准较高，这在一定程度上会导致他们产生负面情绪，背离了激励的初衷。

又如，公司需要从净利润中按比例提取激励基金，用于从二级市场中购买本公司股票进行分配，现金流压力较大。此外，激励对象实际拥有股票后享有股东权利，公司对激励对象的约束存在困难。

总而言之，受限股模式的优势与劣势及适用范围如表 5.4-2 所示。

表 5.4-2　受限股模式的优势与劣势及适用范围

项目	内容
优势	激励对象无须支出现金或以较低价格购买股票
	可使激励对象将精力集中于公司长期战略目标上
劣势	业绩目标和股价之间平衡性的科学确定困难
	公司现金流压力较大
	激励对象实际拥有股票，享有股东权利
	公司对激励对象的约束困难
	激励对象享有股东权利
适用范围	业绩不佳的上市公司
	处于产业调整过程中的上市公司
	处于初创期的公司（高科技公司）

5.4.3　虚拟股票模式

虚拟股票模式，指公司授予激励对象"虚拟"股票的激励模式。获得虚拟股票后，激励对象虽没有获得表决权和分配权等，但能够拥有和实股股东同等的分红权。

虚拟股票模式适用于利润稳定、现金流充裕的非上市公司和上市公司。这是因为虚拟股票无须员工出资购买，直接以公司税后净利润作为分红基数，对公司现金量有一定要求。

虚拟股票模式的优势，在于持有虚拟股票的员工没有分配权和表决权等，对虚拟股票不能转让和出售，虚拟股票在其离开公司时即自动失效。采取这样的股权激励模式不会影响公司总股本和股权结构。又因为股票是虚拟的，公司不需要到工商部门或证券交易部门登记，也不用更改公司章程，对那些不便改变股权结构但又希望以股权对员工进行激励的公司，有非常现实的作用。

对于激励对象而言，虚拟股票具有内在的激励作用。公司整体业绩越好，员工个人通过虚拟股票所获得的收益就越多，还避免了股票市场波动对收益造成的影响。由于收益是在未来实现的，公司必须实现盈利才能分红给虚拟股票持有者，这也对员工起到了一定的约束作用。

当然，虚拟股票模式也有其短板。激励对象通过虚拟股票获取收益的方式主要是分红，其实质上不涉及公司股票的所有权授予，只是奖金的延期支付。因此，激励对象会更关注公司的短期利益。如果激励对象是经营者，他们不实际持有股票，即使公司业绩下跌，他们也并没有任何损失。从这个角度来看，虚拟股票模式的短期激励效果比较好，而长期激励效果并不明显。

此外，虚拟股票的发放会导致公司发生现金支出，如果股价涨幅过大，公司很可能面临现金支出风险。因此，公司通常会设立专门的基金。

值得注意的是，虚拟股票以公司估值为参考标的，公司估值来源于商业模式和业务结构。因此，公司价值的评估非常关键，评估价值过高或过低，都会直接影响股东和激励对象的期望与回报，一旦双方出现争论，将会直接导致激励方案无法执行，并破坏双方的信任。

此外，在虚拟股票模式中，如何确定分配额、向每位激励对象授予多少数量的虚拟股票，也并没有固定模式，通常采用岗位价值、个人价值和绩效三者结合的方式来确定。

总而言之，虚拟股票模式的优势与劣势及适用范围如表 5.4-3 所示。

表 5.4-3　虚拟股票模式的优势与劣势及适用范围

项目	内容
优势	虚拟股票持有者只享有分红权，虚拟股票的发放不影响总股本和股权结构
	虚拟股票具有内在的激励作用，公司的业绩越好，虚拟股票持有者收益越多；同时还可以避免因股票市场波动对虚拟股票持有者收益的影响
	具有一定的约束作用，因为收益是在未来实现的，公司必须实现盈利
劣势	激励对象可能因考虑分红，过分地关注公司的短期利益
	公司的现金支付压力比较大
	经营者不实际持有股票，一旦股价下跌，其没有任何损失，因此是一种短期激励方式
适用范围	利润稳定、现金流充裕的非上市公司和上市公司

5.4.4 业绩股票激励模式

业绩股票激励模式,是指公司和激励对象事先通过商议确定业绩目标,如激励对象完成了业绩目标,公司会授予其一定数量的股票,在锁定期结束后,激励对象即可卖出股票获得收益。

例如,某公司向高管 A 进行业绩股票激励,承诺其如年底完成销售任务,公司就给予其 50 万元奖励。但这 50 万元并非现金,而是换成等额的公司股票。如当时公司股票价格为 5 元,则年底兑现奖励时即授予高管 A 10 万股股票。在两年考核和两年锁定期后,高管 A 即可行权卖出股票。此时,股票价格如为 10 元,高管 A 即可获利 100 万元。

由于采取业绩股票激励模式的目标在于对公司业绩目标完成情况进行考核,不要求股价上涨,其适合业绩稳定的上市公司及其集团公司、子公司。

在业绩股票激励模式中,激励对象获得的激励为公司股票,这样,一旦锁定期内股价下跌,激励对象也会承受对应损失。该模式因此具备一定的双向约束作用。

通常情况下,业绩股票激励模式每年实行一次,加上锁定期等时间限制,可发挥滚动的激励和约束作用。

对于具体的激励对象而言,业绩股票激励模式要求他们完成一定的业绩目标才能获得奖励,而奖励也是在未来逐步兑现的。如果激励对象没有通过业绩考核,或者出现有损公司的行为、非正常调离等情况,他们将会受到扣除风险抵押金等惩罚或被直接取消获得业绩股票的资格,因此其面临着较大的退出成本,受到了较强的约束作用。

正因上述特点,业绩股票激励模式的操作性较强。业绩股票激励模式对激励对象有严格的业绩目标约束,能够形成股东和激励对象双赢的局面,这样的激励方案也比较容易被股东大会通过并加以实行。

不过,业绩股票激励模式实施的成本较高。业绩股票不需要激励对象个人出资购买，而是由公司出资在二级市场购买，因此对公司现金流会造成一定影响。同时，业绩股票激励模式的分配模式虽然清晰科学，但具体业绩目标如何确定、是否合理，需要根据不同公司的实际情况而定，这就容易导致公司高管人员为了获得业绩股票而对年度目标的设定和执行弄虚作假。

总而言之，业绩股票激励模式的优势与劣势及适用范围如表 5.4-4 所示。

表 5.4-4　业绩股票激励模式的优势与劣势及适用范围

项目	内容
优势	经股东大会通过即可实行
	激励对象所获得的激励为公司股票，锁定期结束即可卖出
	激励对象真正持有股票，一旦股价下跌，激励对象会承受一定损失，因此对其有一定约束作用
	通常每年实行一次，因此能够发挥滚动的激励和约束作用
劣势	公司的业绩目标确定的科学性很难保证，容易导致公司高管人员为获得业绩股票而弄虚作假
	激励成本较高，有可能造成公司现金支付压力
适用范围	适合业绩稳定的上市公司及其集团公司、子公司

5.4.5　股票增值权模式

股票增值权模式，是指公司授予激励对象特定权利的模式：如果公司股价上升，激励对象即可通过行权获得相应的股票升值收益。该模式下，激励对象行权时无须支付现金，行权后获得现金或等值公司股票。

股票增值权模式下，激励对象并不实际拥有股票，也没有股东表决权、分配权、分红权，同时不能将股票转让和用于担保、偿还债务。股票增值权的行权有效期长短不一，通常为自授予之日起 6 ～ 10 年。

每一份股票增值权，与实际中公司的每一份股票挂钩。每一份股票增值权的收益，为股票市价与授予价格之间的差价。其中，股票市价一般为股票增值权持有者签署行权申请书当日前一个有效交易日的股票收盘价。

例如，某高管被授予 10 万股股票增值权，授予时股价为 5 元，行权时股价上涨到 10 元，每股股票增值了 5 元。这样，该高管就获得了 50 万元奖励。

股票增值权模式需要公司在员工行权时支付现金，因此比较适合现金流充裕且比较稳定的公司。由于需要确定股票价格，该模式一般在已上市或即将上市的公司中运用较多。

股票增值权模式简单而易于操作，持有者在行权时，直接对股票升值部分进行兑现，获得利益。相比于其他模式，该模式的审批和执行程序简单，不影响公司的所有权和控制权，也不需要公司花费时间、精力到工商部门办理变更登记，或者到证监会进行审批，省略了烦琐的行政和法律手续，直接解决了股票的来源问题。

不过，股票增值权模式只能让激励对象获得股票的增值收益，激励对象无法获得真正意义上的股票。尤其在二级市场上，公司股价与业绩关联度往往并不大，以股价上升幅度来决定激励对象的收益，可能无法真正起到公司预期的长期激励作用。

另外，股票增值部分的收益，理所当然地来自公司的净利润。当激励对象行权时，公司需要支付一笔现金给员工。如果在行权日公司股价较高，公司可能要拿出较多现金用于奖励，这对现金流会造成一定压力。

在实际操作中，直接使用股票增值权模式的公司并不是很多，公司通常会使用股票增值权的衍生工具即账面价值增值权。

这一工具直接使用每股净资产的增加值，对高管人员、技术骨干和董事等激励对象进行激励，包括购买型和虚拟型两种类型。其中，购买型是指激励对象在期初按每股净资产的值实际购买一定数量的公司股票，在期末再按每股净资产的值将股票回售给公司。虚拟型则不需要激励对象在期初支付资金，而是由公司授予激励对象一定数量的虚拟股票，在期末根据公司每股净资产的增量和名义股份的数量来对激励对象的收益进行计算，并据此向激励对象支付现金。

股票增值权模式的优势与劣势及适用范围如表 5.4-5 所示。

表 5.4-5　股票增值权模式的优势与劣势及适用范围

项目	内容
优势	这种模式简单易操作，股票增值权持有者在行权时，直接对股票升值部分进行兑现
	审批程序简单，可直接解决股票来源问题
劣势	激励对象不能获得真正意义上的股票
	由于有时股价与公司业绩关联度不大，以股价的上升幅度来决定激励对象的收益，可能无法真正起到公司预期的长期激励作用
	公司的现金支付压力较大
适用范围	现金流充裕且比较稳定的上市公司和即将上市的公司

5.4.6　员工持股计划模式

员工持股计划模式，又称为员工持股制度。该模式让员工持有本公司股权，进而享有相应的管理权，成为公司股东并获得长期激励。

在实际操作中，员工持股计划模式经常由公司员工出资来购买本公司部分股票，并成立员工持股大会，由员工持股大会代表持股员工进入董事会参与表决并分红。其具体实施步骤如图 5.4-1 所示。

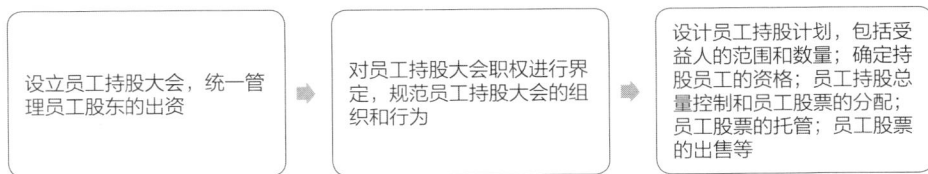

图 5.4-1　员工持股计划模式实施步骤

员工持股计划模式能够将员工和公司利益有效捆绑在一起，形成利益共同体。通过持股，员工具有了劳动者与股东的双重身份，这实现了劳动者与所有者风险共担、利益共享，激发了公司成长的内部动力，提高了公司的凝聚力和竞争力。员工持股计划模式还在一定程度上改变了公司股东的构成，员工以股东身份参与公司日常管理，能够促进公司治理水平的提高。

对于成长期的公司来说，这一模式也是其进行筹资与扩张的有效方式，如果是非公众持股公司，其股票也由此有了内部交易市场。此外，员工持股使得公司拥有了强有力的一致行动人，能够防止公司被恶意收购，有利于引进风险投资。

华为在创立后不久，就开始实施员工持股计划模式，这一模式对吸引人才的作用是非常明显的。

从员工角度看，其拿到股权的程序大致如下。每个营业年度，公司按照员工在公司工作的年限、级别等指标，对每个员工能够购买的股权数进行确定。随后，由员工到相应部门去登记购买，购买价格为每股 1 元。这些股权与公司净资产不挂钩，员工获得股权后的主要收益来自公司分红，分红情况和公司效益挂钩。员工离职后，公司也按照员工原来的购买价格对股权进行回购。华为工会下设的持股委员会，代表员工管理持有的股权，是公司真正的股东。

华为之所以采取这种模式，是因为这一模式既能够发挥员工持股的优势，也可以避免公司决策偏离主方向，保证公司既定方针下行动的统一。

当公司总体经营状况不佳，或者股份权益无法体现公司经营水平时，员工对这一模式就难以产生兴趣。即使不存在上述状况，如果每个员工获得的股权数量太少，也难以产生明显的激励效果。

从长远来看，员工持股计划模式福利性较强，和员工业绩关联性不足，可能导致"吃大锅饭"情形。这一模式让员工具有了双重身份，这也可能导致其对公司管理决策产生负面影响。相比于公司其他股东，由于员工参与公司运营，更容易获得重要信息，由此也可能导致股东间信息不对称、股权不平等等问题。

员工持股计划模式的优势与劣势及适用范围如表 5.4-6 所示。

表 5.4-6　员工持股计划模式的优势与劣势及适用范围

项目	内容
优势	把员工的利益与公司利益捆绑在一起，形成利益共同体
	通过持股平台持有公司较大比例的股权，有利于员工有效参与公司管理与决策
	形成一致行动人，避免恶意收购
	能促进公司治理水平提高
	有利于引进风险投资

项目	内容
劣势	福利性强，与员工业绩关联性不足，易导致"吃大锅饭"情形
	过少的持股数量难以起到明显的激励效果
	可能导致股东间信息不对称、股权不平等等问题
适用范围	所处行业较成熟，具有稳定增长机会的公司

5.4.7　延期支付计划模式

延期支付计划模式，是指公司将激励对象的部分薪酬（尤其是年终奖等大额资金收入），按照授予时公司股票市场价格折算成股票数量，在激励对象选择行权时，根据行权时的股票市价，以现金方式支付给激励对象。

在该模式中，激励对象所获得的股票，实际上是年终奖等奖金的一部分，相当于员工自行出资购买股票。因此，其未来收益来自公司股价上涨之后与授予时股价的差价，即行权时股价与授权时股价的差额。如果行权时公司股价下跌，甚至低于授予时的股价，激励对象的利益就会遭受损失。

例如，某公司高管获得了公司授予的延期支付股权。其个人年终奖、股权激励等奖励共价值 50 万元，授予日当天，公司股价为 10 元每股。在延期支付计划模式下，这 50 万元换成了 5 万股股票，并延期 5 年支付。5 年后，如果该公司股价上涨到 20 元每股，且该高管达到了业绩考核标准，其实际获得的 5 万股股票价值 100 万元。这意味着，通过延期支付计划，该高管额外获得了 50 万元的奖励。

延期支付计划模式将激励对象的部分薪酬和奖励兑换成公司股票，并具有较长的锁定期。这样无疑增加了激励对象的退出成本，促使其更为关注公司的长期发展，减少了他们的短期行为，使得他们愿意将个人利益和公司长远发展相关联，提升公司业绩和公司股价。因为只有这样，激励对象才能拿到属于自己的奖金，并获得更多奖励。对公司而言，这一模式也有利于进行长期激励，留住并吸引人才。

延期支付计划模式的另一优势，在于能够缓解公司现金流压力。众所周知，公司高管或核心骨干的年终奖比较丰厚，如果公司总是一次性支付，显然会对现金流造成压力。如果将这些大额资金延期到未来，在不同年份分若干次以股票形式发放，就能够在一定程度上缓解公司现金流压力。

在实际操作中，延期支付计划模式最大的风险在于激励力度难以确定。延期支付的激励对象想要拿到超额奖励，其前提是公司股价在锁定期之后能够大涨。然而，二级市场股价波动比较大，如果行权时股价与锁定前相差不大甚至大幅下跌，就不具有激励效果。所以，延期支付更加适合业绩稳定的上市公司及其集团公司、子公司。如果激励对象因延期支付计划模式持有的本公司股票数量相对较少，也难以产生较强的激励效果。

5.4.8 在职分红股模式

在职分红股模式，是一种常见的股权激励方式，其中，在职分红股是指针对某一类或某些特定岗位而设定的在职虚拟股票。该模式中，激励对象一般不需要出资购买股票，公司通过对激励对象进行目标设定，在完成公司目标基础上向其分享利润。当激励对象因任何原因离职后，该权益就此消失。

在职分红股模式下，激励对象只享有分红权，不享有继承权，也没有投票权和分配权等，无法出售、抵押、转让股票和用其担保。激励对象在公司任职时，能够享受分红，离开公司就停止享受分红。可见，在职分红股模式的最大特点是针对岗位而不是针对具体的人。

例如，某公司对优秀员工实施在职分红股模式，分红比例为实际利润的30%，如果公司实际利润为1000万元，公司将拿出300万元进行在职分红股激励。如果总经理岗位的分红比例为20%，且到年底时，总经理绩效考核达标，就可以拿到分红60万元。

在职分红股模式，能够产生如下激励效果。

（1）增强员工的归属感。

当公司实施在职分红股模式后，员工能感受到归属感，不仅能够获得工资收入，还能够享受到分红。通常，公司的利润分红权属于股东，普通员工无从获得对应的权利，当普通员工得到分红权后，其就会感到自己享有了股东的部分权益，而不只是获得了金钱奖励。这样，他们就会将公司的事业当成自己的事业。

（2）增强荣誉感。

物以稀为贵。股权，是每个公司中稀缺的资源。公司授予激励对象在职分红股，无疑体现出激励对象在公司内的地位，也展现出公司给予激励对象的高度重视。这样，激励对象无疑会因此产生强烈的荣誉感，并在精神层面上对公司产生高度认可。

由于上述原因，激励对象产生了身份认同，并因此产生对公司的责任感，进而会努力奋斗。

不过，在实际操作中，在职分红股模式实施也存在难点。如果把握不好激励方式与内容，激励效果就会大打折扣，甚至弄巧成拙。

首先，难以确定激励对象。

在职分红股模式虽然是对岗不对人，看起来激励对象是岗位，但最终受益者还是人。因此，如何确定激励对象，是实施这一模式的最大难点。在该问题面前，不同公司有不同的考虑，往往是看哪些岗位或人能够直接影响到公司的利润。

其次，在职分红股模式需要明确的业绩考核机制。

公司应该事先设定利润目标，并规定如果达不到利润目标如何处理、超过利润目标如何分红、超额完成目标是否设置阶梯分红比例等，这些都是确定分红数量的过程。其中稍有不当，就会导致问题出现，如：激励对象获得的分红多了，股东和公司利益就可能受损；激励对象获得的分红少了，激励对象可能不满意，也就难以实现预期的效果。

实际上，在公司利益和激励对象利益之间达到平衡，并不是件很容易的事情。

5.5 分股不分权的模式

很多企业所有者希望通过分享股权的方式来激励人才、留住人才，将企业做大做强，但又害怕会稀释自己的股权，使自己丧失对企业的控制权，在"分"与"不分"之间反复衡量，最终错失企业发展的机会。

股权包含着两种基本权利，即分红权和表决权，分别代表着钱和权，钱和权可以结合也可以分开。图5.5-1所示为分股不分权的6种模式。

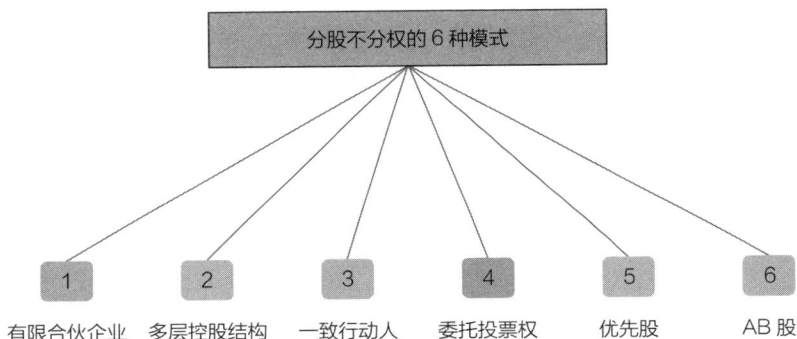

图5.5-1　分股不分权的6种模式

企业经营者可以通过图5.5-1所示的6种模式实现分股不分权的目的，选择什么样的模式，要根据企业的实际情况和企业家的具体需求而定。

5.5.1 有限合伙企业

合伙分为普通合伙和有限合伙，普通合伙是指共同投资、共享收益、共担风险，在普通合伙形式中，所有合伙人对合伙债务承担无限连带责任。而有限合伙企业由有限合伙人和普通合伙人组成，有限合伙人对合伙债务承担有限责任。

同理，有限合伙企业中的有限合伙人以其认缴的出资额为限对合伙企业债务承担责任。

1.　有限合伙企业的设立

因为有限合伙人只承担有限责任，所以必须向交易相对人和公众进行公示，在有限合伙企业设立人数、出资方式、合伙协议约定事项等方面法律均有特别规定。

（1）设立人数要求。根据《中华人民共和国合伙企业法》的规定，有限合伙企业由 2 个以上 50 个以下合伙人设立，但法律另有规定的除外。这就意味着合伙企业的合伙人不能超过 50 个。有限合伙企业至少应当有 1 个普通合伙人。

（2）出资方式。合伙人均可以货币、实物、知识产权、土地使用权或者其他财产权利作价出资，有限合伙人与普通合伙人在出资方式上的差别就在于有限合伙人不得以劳务出资。而且有限合伙人的姓名（或者名称）及认缴的出资额应当在企业登记事项中予以载明。

（3）合伙协议约定事项要求。根据《中华人民共和国合伙企业法》的规定，有限合伙企业的合伙协议除需记载企业名称、经营场所、出资数额等普通合伙企业合伙协议应当载明的事项外，还需要载明以下事项：

①普通合伙人和有限合伙人的姓名或者名称、住所；

②执行事务合伙人应具备的条件和选择程序；

③执行事务合伙人权限与违约处理办法；

④执行事务合伙人的除名条件和更换程序；

⑤有限合伙人入伙、退伙的条件、程序以及相关责任；

⑥有限合伙人和普通合伙人相互转变程序。

此外，有限合伙企业必须将"有限合伙"字样在企业名称中予以标明，以示与普通合伙企业的区别。

2.　有限合伙企业的事务执行

普通合伙企业中，合伙人的地位是平等的，都有权执行合伙事务和对外代表合伙企业。在有限合伙企业中，企业的事务由普通合伙人执行，有限合伙人不执行合伙事务，也不得对外代表有限合伙企业。

当然，有限合伙人并不是完全不参与任何一项有限合伙企业的事务，为维护有限合伙人的权益，法律规定了有限合伙人的 8 种行为不视为执行合伙事务。

（1）参与决定普通合伙人入伙、退伙；

（2）对企业的经营管理提出建议；

（3）参与选择承办有限合伙企业审计业务的会计师事务所；

（4）获取经审计的有限合伙企业财务会计报告；

（5）对涉及自身利益的情况，查阅有限合伙企业财务会计账簿等财务资料；

（6）在有限合伙企业中的利益受到侵害时，向有责任的合伙人主张权利或者提起诉讼；

（7）执行事务合伙人怠于行使权利时，督促其行使权利或者为了本企业的利益以自己的名义提起诉讼；

（8）依法为本企业提供担保。

3. 有限合伙人的特殊权利

有限合伙人因为不参与执行合伙事务，在自我交易、竞业禁止等规定方面就不同于普通合伙人。表 5.5-1 所示为有限合伙人的特殊权利。

表 5.5-1　有限合伙人的特殊权利

项目	有限合伙人的特殊权利
责任承担	以出资额为限对合伙企业债务承担责任
自我交易	除非合伙协议另有约定，有限合伙人可以同本合伙企业进行交易
竞业禁止	除非合伙协议另有约定，有限合伙人可以自营或者同他人合作经营与本合伙企业相竞争的业务
财产出质	除非合伙协议另有约定，有限合伙人可以将其在合伙企业中的财产份额出质（普通合伙人须经其他合伙人一致同意）
财产转让	有限合伙人向合伙人以外的人转让其在合伙企业中的财产份额，只需提前 30 天通知其他合伙人（普通合伙人须经其他合伙人一致同意）
丧失民事行为能力时的退伙处理	作为有限合伙人的自然人在合伙企业存续期间丧失民事行为能力的，其他合伙人不得因此要求其退伙

根据表 5.5-1 可知，有限合伙人较普通合伙人有较多的特殊权利，在有限合

伙企业中，普通合伙人能够得到"权"，即合伙企业的控制权，有限合伙人能够得到"利"，即享有合伙企业的分红等。有限合伙企业不失为创始人控制企业的有效模式。

5.5.2　多层控股结构

通过持股目标企业的股权完成对企业的控制，这种方式被称为直接持股模式。除此之外，还可以通过间接持股模式，即通过多层控股结构来实现对目标企业的控制。

多层控股结构又被称为金字塔股权结构，是指企业实际控制人通过层层控股的金字塔式控制链实现对目标企业的控股，实现了用少量现金流控制企业的目的，具体优点如下。

（1）便于集团化管理。对有多种经营业务的大中型企业，每一种业务一般都需要单独成立企业进行运营管理，创始人自然没有足够的精力去运营，此时就需要成立集团公司。集团公司通过多层控股结构实现对旗下企业的控制，而创始人只需要在集团公司内部成立管理团队即可，这样创始人就可以把有限的精力集中在集团公司的层面。

（2）"以小博大"实现资金的充分利用。直接持股模式中，股东需持股 67% 才能实现对企业的有效控制，这就需要投入大量资金。相比之下，多层控股结构下，只需要少量的资金就可以实现对目标企业的控制。

假设某自然人投资者设立了一个一人有限责任公司 A 公司（注册资本 45 万元），A 公司可以绝对控制一个注册资本为 67 万元的 A-1 公司，A-1 公司又可以绝对控制一个注册资本为 100 万元的 A-2 公司。该自然人投资者通过出资 45 万元轻松实现了对注册资本 100 万元公司的绝对控制。

（3）合理合法节税。《中华人民共和国企业所得税法》第二十六条规定，符合条件的居民企业之间的股息、红利等权益性投资收益为免税收入。

如果自然人投资者直接持股 A-1 公司，在获得 A-1 公司的分红之后需要依法缴纳个人所得税。

如果自然人投资者通过 A 公司控制 A-1 公司，A-1 公司向 A 公司的分红属于免税收入。投资者可以将获得的分红留在 A 公司继续进行资本运作。

（4）有效规避风险。有限责任公司的股东以认缴出资额为限对公司的债务承担责任。但多层控股结构能对有限责任进行规避。

假如 A-2 公司出现资不抵债的风险，A-1 公司只需以 67 万元的出资额为限承担责任，而 A 公司只需以 45 万元的出资额为限对 A-1 公司承担责任，最终 100 万元的风险，自然人投资者只需承担 45 万元的有限责任。

多层控股结构下，目标企业出现对外债务危机时，投资者面临的风险能有效地减少。

5.5.3　一致行动人

何为一致行动，在我国公司法中并没有规定，根据《上市公司收购管理办法》第八十三条规定，一致行动是指"投资者通过协议、其他安排，与其他投资者共同扩大其所能够支配的一个上市公司股份表决权数量的行为或者事实"。在上市公司的收购及相关股份权益变动活动中有一致行动情形的投资者，互为一致行动人。

（1）一致行动人的影响。《上市公司收购管理办法》第八十三条规定，一致行动人应合并计算其持有的股份。这是对一致行动人最直接的影响，在计算投资者所持有的股份时，既包括登记在其名下的股份，也包括登记在其他一致行动人名下的股份。

股份的合并计算意味着投资者之间形成了利益的捆绑。简而言之，上市公司的一致行动人被视作一个投资者，信息披露以及其他相关义务的处理都根据合并计算后的股份来确定。根据《中华人民共和国证券法》的规定，在投资者持有一个上市公司已发行的有表决权股份达到 5% 时，就应当履行向证监会、证交所书面报告，通知上市公司并予以公告等义务。此处的投资者定义适用"通过协议、其他安排与他人共同持有上市公司股份"，即一致行动人。

（2）一致行动人的例外。《上市公司收购管理办法》第八十三条详细规定了被推定为一致行动人的 12 种情形，但并不是凡属于这 12 种情形之一的就构成一致行动人，法律同样预设了救济的途径，即投资人认为自己不应当被认定为与其他投资者系一致行动人的，可以向证监会提供相反证据予以证实。

（3）一致行动协议的利弊。一般情况下，投资人之间会签署一致行动协议来固定和规范一致行动的协调性，一致行动协议可以帮助企业创始人掌握企业的控制权，有利于形成管理的壁垒和保障决策的顺利执行。但一致行动协议也有其弊端，一致行动协议会约定严格的违约惩戒条款，形成"一荣俱荣、一损俱损"的利益链条，剥夺少数股东的决策参与权，长此以往，少数股东就丧失了为企业发展建言献策的动力。

5.5.4　委托投票权

委托投票权其实是指表决权代理，是持有相对小比例股权的股东，以协议的方式获得其他股东的投票权委托，从而在股东（大）会中获得优势表决权，实现对企业的控制。

与其他的企业控制模式相比，委托投票权的难处就在于需要获得委托股东的充分信任，或者让渡足够的利益，否则委托股东凭什么将投票权委托给别人？另外，委托投票实质上是民事法律行为中的委托代理行为，该行为受《中华人民共和国民法典》的规范和约束，必须不能存在合同无效的情形。所以，委托投票权模式对实现控制企业的作用相对较弱，一般作为其他模式的补充。

5.5.5　优先股

优先股是相对于普通股而言的，优先股股东优先于普通股股东分配企业利润或者财产，但其参与公司决策管理的权利受到限制，相当于普通股股东让出了"利"，但相对获得了"权"。

1.　优先股的特点

优先股显著的特点是其持有人对企业日常经营管理的一般事项没有表决权。此外优先股还具有以下特点。

（1）收益相对稳定，优先股的利率大多是事先约定好的，所以优先股的股息不会因企业经营情况的波动而增减，而且优先股股东一般不再参与企业普通股的分红。

（2）股息优先获得，企业可分配的利润优先分配给优先股股东，然后再分配给普通股股东。

（3）优先受偿权，企业破产清算的时候，企业财产先偿付给债权人，然后再分给优先股股东，最后分给普通股股东。

2.　优先股股东表决权的例外

优先股股东的表决权受到限制，但并不代表其完全没有表决权，优先股股东在以下两种情况下具有表决权。

（1）对与优先股股东切身利益相关的重大事项进行表决时，优先股股东享有表决权，但与普通股股东分类表决。

重大事项一般包括修改公司章程中与优先股相关的内容，一次或累计减少公司注册资本超过百分之十，公司合并、分立、解散或变更公司形式，发行优先股，公司章程规定的其他情形。

（2）企业长期未按约定分配股息时，优先股股东与普通股股东享有同样的表决权地位，可以与普通股股东一同参加表决、参与公司经营决策。企业累计3个会计年度或连续2个会计年度未按约定支付优先股股息的，就被视为长期未按约定分配股息。

5.5.6　AB 股

AB 股是典型的同股不同权模式。

随着企业治理机构多元化需求的扩大，衍生了无表决权股份（优先股）和多表决权（AB 股）模式。图 5.5-2 所示为表决权行使的模式。

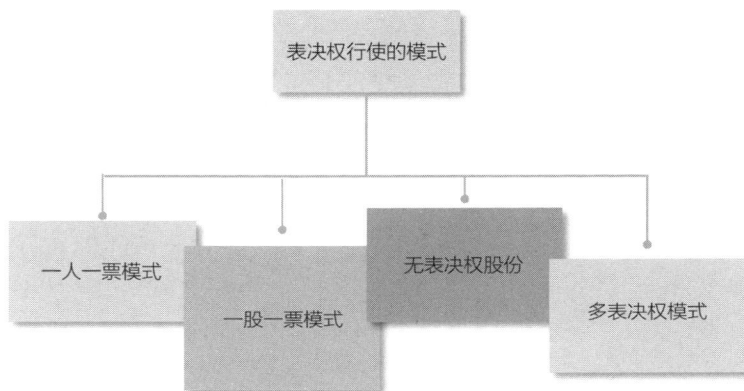

图 5.5-2　表决权行使的模式

AB 股就是将企业的股票分为 A、B 两种类型，对外部投资者发行的是 A 类股票，此类股票每股只有一票甚至更少的表决权，B 类股票多为企业创始人或团队所持有，每股具有 N 票（常见的为 10 票）表决权。

AB 股既有优势，也有弊端。

（1）AB 股的优势。AB 股能在为企业引进资金的同时保证控制权不转移。首先，满足了不同类型股东的需求，促进创始人或团队专注于企业的长远发展利益，避免短期投资者采取激进措施。其次，创始人或团队对企业的控制能保证企业的稳定，在面临恶意收购时能为企业提供屏障。

（2）AB 股的弊端。AB 股模式下，企业的决策权集中在少数人手中，如果创始人或团队决策正确，能带领企业赚取利润，则各股东共同获利；但如果决策失误造成企业发展遇困，那么其他股东就成为牺牲品。尤其在这种模式下，外部投资者的话语权和监督权被削弱，无法及时发现决策人的错误并进行纠正。

当年风靡一时的聚美优品采取的就是 AB 股模式，陈欧持有 34% 的 B 股，掌握了 75% 的投票权，当陈欧决定低价私有化聚美优品后，引起股价急速下跌，损害了其他中小股东的利益。在聚美优品账面上有 4 亿美元的情况下，陈欧没有选择分红，而是执意用巨量资金去发展移动充电宝项目，最终引发外部投资者与陈欧之间的矛盾，导致企业错过了发展的黄金期。

目前，在境内资本市场中，AB 股模式也得到了新三板和创业板的肯定，2020 年 1 月 20 日，优刻得科技股份有限公司（UCLOUD）在上交所科创板正式挂牌上市，成为境内比较早的采用"同股不同权"架构上市的企业。

第 6 章
股权激励十定法及股权激励方案运用设计

　　股权激励被越来越多的企业家所重视。可以说，当今世界的优秀企业，几乎都采取了不同形式的股权激励模式，且股权激励的范围和形式都在不断创新。

　　从短期来看，股权激励让企业和员工间形成了利益共同体，让优秀人才甘心与企业同进退。从长远来看，股权激励促进了股权架构的合理调整，为企业长久发展打下了基础。

6.1 股权激励模式

股权当中的 3 个核心类型是实股、期股和干股，对应到股权激励就是实股激励、期股激励、虚拟股激励模式。企业在激励实践中，还会将几种模式组合运用。不同模式有各自的特点和适用范围，采取何种股权激励模式，需要企业家判断。

6.1.1 实股激励模式、持股方式及案例

实股，从字面看，就是实打实地成为企业的股东，享有企业的股东权益和承担相应的股东责任。股权激励中的实股激励模式（以下简称"实股模式"），是企业与激励对象约定，将股权以一定的价格转让给激励对象，依法办理相应的工商登记程序后，激励对象成为企业的股东并享有股东的全部权利。在实践中，企业会给予激励对象一定的优惠条件，比如企业无息借款给激励对象用于购买股权、直接奖励一部分股权等，当然，企业也会给予激励对象相应的限制。

1. 实股模式的优缺点

实股模式让激励对象享有股权，操作起来也简单直接，对激励对象和企业而言益处良多。

（1）以预期高收益吸引人才。企业光靠"画饼"，不能吸引和留住高层次人才，在描绘企业发展蓝图时，企业应通过实质的举动表现出给予人才发展空间的诚意，这个诚意的最好表达方式之一就是分享股权。

（2）节约人力资源成本。当员工被授予股权之后，员工就会自觉将自己当成企业的一分子，员工立场转变了，企业在人力资源管理上就会节省一大笔时间成本和经济成本。

（3）激发员工的积极性。初创企业通过实股模式，一方面可以节省创业资金，另一方面也可以用梦想来激励员工，调动员工的积极性。

实股模式同样具有一定的风险：企业发展初期盈利情况不理想，对员工的短期激励效果不明显；未来的收益情况难以预料；股权变现的难度较大；企业发展滞后，企业回购初期激励股权的代价大等。

2. 实股的持股方式

实股的持股方式一般有以下 3 种，即自然人直接持股、委托持股（代持）、持股平台间接持股。持股平台间接持股方式又分为有限公司持股、有限合伙持股。图 6.1-1 所示为实股的 3 种持股方式。

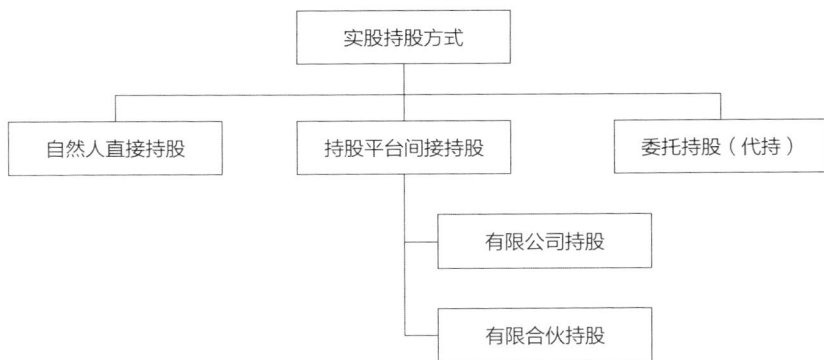

图 6.1-1　实股的 3 种持股方式

3. 实股模式案例

实股模式操作起来相对简单，重点在于将受让价格和受让方式约定好。

A 是广州一家高端制药企业，企业业绩增长迅速，经董事会研究决定，拟对产品研发副总和销售副总给予 1% 的股权激励。另外，某高校王教授带领的团队为企业研发了一款新药，给企业带来巨大的销售利润，企业决定给予王教授和其团队各 1% 的股权激励。对于团队以有限公司持股的方式授予股权，王教授则委托其妻子代持。

企业当年净资产为 5000 万元，折合 5000 万股，每股 1 元，50 万股为 50 万元。

企业研发副总和销售副总的股权按表 6.1-1 所示的方式授予。

表 6.1-1　企业研发副总和销售副总的股权授予方式

现金购买 20 万股	企业借款 10 万元	直接奖励
激励对象在规定时间内向企业缴纳 20 万元用于购股	企业给予 10 万元无息借款，期限为 20 个月，每月从激励对象的工资中扣除 5000 元	由企业免费奖励给激励对象 20 万股

王教授及其团队的股权按图 6.1-2 所示的方式授予。

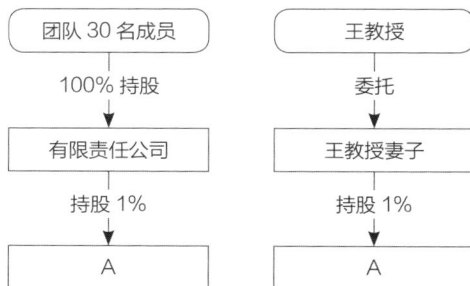

图 6.1-2　王教授及其团队的股权授予方式

6.1.2　期股激励模式及案例

期股实质上是一种收益期待权，是企业与激励对象约定按照一定的价格，以在规定期限内达到预定的绩效目标为条件，激励对象可以出资购买一定数额的企业股份，出资的方式不限于贷款、奖励、分红等。

期权的激励对象不能在当期立即获得股权，须在以后一段时间内分步兑现，且兑现的利益存在不确定性，从这点看，期权与对赌协议存在一定相似之处。

从期权的股东权益来分析，激励对象只有在全部认购完成以后才能获得所有者权益，初期只享有表决权和分红权（企业与激励对象也可另行约定），分红所得收益需要用来偿付后期期股费用。

期股与股票期权并非完全相同的概念，股票期权的激励对象一般无须出资购买期权，而期股则一般采取"首付 + 分期"的出资模式。

1. 期股的特征

与实股相比，期股在出资方式、预期收益等方面有以下特征。

（1）期股是将来某一时期以一定价格获得一定数量股权。

（2）期股激励对象首先要出首付获得部分实股，其余期股以后再慢慢分期购买，但该部分实股与期股均不能马上兑现，激励对象只能先获得分红权等权益，待支付完全部股权价款时，其才能成为股东。

（3）期股的购股资金形式多样，先期购买的部分实股与期股的分红也可用以冲抵后续的购股金。

（4）激励对象如果在约定的激励期限内离职，或者未达到预期业绩目标，企业可能取消相应的期股激励，先期出资的部分也会被相应扣除。

2. 期股激励模式的优缺点

期股激励模式具有以下优点。

（1）期股的未来增值与企业的效益密切相关，可以促使激励对象更加关注企业的未来发展。

（2）可以解决激励对象一次性购股的资金难题，也在一定程度上为企业带来资金。

（3）避免和缓解一次性股权激励模式带来的财富过度集中的矛盾。

此外，期股激励模式也存在明显缺点，例如期股增值效益短期内难以兑现，可能影响激励对象的热情。再如，在企业经营不善的情况下，期股激励对象有可能难以获取预期收益，甚至有亏损的风险。

3. 期股激励模式案例

相关案例如下。

B 公司拟对聘请的职业经理人王先生进行期股激励，经过协商后双方签订协议，具体内容约定如下。

（1）以前一年度公司净资产 5000 万元计算，折合 5000 万股，每股 1 元。

（2）拟授予王先生 50 万股期股激励，其中由王先生先行出资 20 万元购买部分实股，剩余 30 万股在任期内（3 年）全部认购完毕，每年抵补期股款 10 万元。如果当年期股收益多于 10 万元，则多出部分折抵来年期股款，直至全部期股款折抵完毕；如果少于 10 万元，则从实股收益中折抵，不足部分由王先生补足。

（3）在 30 万股期股没有全部认购完成之前，包括之前已购的 20 万股实股，均不得转化为实股；在 3 年任期内，相应实股、期股不得转让，如因个人原因离职，不再享受期股权益，公司以原价收回实股。

按照上述协议，王先生只有在公司净资产收益率达到 33.33% 时，才能实现每年以期股收益折抵购股款 [30×33.33%=10（万元）]；如低于 33.33%（假设为 30%），则期股当年分红为 30×30%=9（万元），需要在实股收益 [20×30%=6（万元）] 中折抵 1 万元。如低于 20%，则需要王先生补齐不足部分。

6.1.3 虚拟股激励模式及案例

虚拟股，顾名思义，获得的股权是虚拟的，企业授予激励对象的股权并不是完全意义上的股权，激励对象只能享受一定的分红权和增值收益，没有所有权和表决权，虚拟股也不能买卖和转让。如果激励对象触发违约条款，则丧失相应的股权。

可以看出，虚拟股持有者持有的并非企业股票，而是分红的凭证，虚拟股激励实质上是奖金、绩效的分配方式。如果虚拟股持有者完成约定的目标，企业可以通过给予现金等值股票等方式予以奖励。虚拟股为持有者带去了企业剩余价值索求权，实现了企业长远利益与持有者个人利益的捆绑。

1. 虚拟股的特征

虚拟股具有以下特征。

（1）股票的虚拟化。虚拟股不是真正的"股"，只是一种分红凭证，企业为了激励核心员工，无偿派发一定数量的虚拟股，其持有者可以按照虚拟股的数量按比例获得一定的企业可分配利润。

（2）股东权益的不完整性。持有者只享受分红权，没有所有权和表决权等其他股东权益。

（3）无偿性。虚拟股一般是企业无偿派发或奖励给员工的，不需要员工出资。

2. 虚拟股激励模式的优缺点

相较于实股、期股激励模式，虚拟股激励模式有下列优点。

（1）虚拟股不影响企业的总股本和股权结构。

（2）虚拟股具备激励作用。被激励对象可以通过努力使企业效益变好，从而获得更多分红。

（3）虚拟股具备约束作用。预期业绩不达标、离职等因素都可能影响持有者分红。

虚拟股激励模式的缺点在于其短期性。激励对象为了多分红，可能过分关注企业的短期利益，甚至不惜牺牲企业资本的积累；企业的短期现金支付压力大。

3. 虚拟股激励模式案例

相关案例如下。

虚拟股激励模式并非现代企业的原创，山西票号的"人身顶股制"就是虚拟股的原型。当代中国企业中虚拟股激励模式实行效果较好的当属华为。华为的虚拟股有虚拟受限股和 TUP 两种。

（1）虚拟受限股。华为的工会持有公司实股 98% 以上，公司按每股净资产作价配股出售给员工，员工需出资购买。华为一般每年会增发一部分实股，由任正非和工会按持股比例认购，之后再由工会等比例配发虚拟股，有资格获得虚拟股的员工则按照每股净资产的价格来购买。

虚拟股持有者可以获得分红和增值收益，在华为高速增长的时间段内，其业绩的增长保障了虚拟股的收益。截至 2016 年年底，华为虚拟股数量已达 100 亿股以上，年度分红总额超过 150 亿元。

（2）TUP。

华为实施 TUP（时间单位计划）的主要目的是解决少数人持有过多虚拟股带来

的财富过度集中问题。TUP 以 5 年为一个周期逐年兑现分红权和增值收益，到期结算后自动失效。

①第一年，没有分红权。

②第二年，获得 TUP 三分之一分红权。

③第三年，获得 TUP 三分之二分红权。

④第四年，获得 TUP 百分之百分红权。

⑤第五年，获得 TUP 百分之百分红权，结算增值部分并清零。

华为的虚拟受限股和 TUP 都是虚拟股激励。从实践效果看，这种模式获取了令人满意的长期激励效果，且不影响任正非对企业的控制权。相比实股、期股激励，虚拟股激励更加经济、有效。

6.1.4　股权激励模式的选择与结合

在确定具体的股权激励模式之前，需要对实股激励模式、期股激励模式、虚拟股激励模式 3 种模式加以比较。表 6.1-2 所示为实股激励模式、期股激励模式、虚拟股激励模式的比较分析。

表 6.1-2　实股激励模式、期股激励模式、虚拟股激励模式的比较分析

模式	优势	不足
实股激励模式	有利于激发员工积极性 有利于企业融资和资本积累 权利与义务、风险与收益对称 股权收益兑现期限短，"看得见，摸得着" 激励对象享有股东权利	激励对象购股资金压力大 企业股东控制权被稀释 后期股权收回代价大 股权变现难度大
期股激励模式	无须在短期内支付大量资金 激励对象关注中长期利益 解决一次性重奖带来的财富分配不公问题 有利于优秀人才脱颖而出	短期激励效果不明显 长期收益不确定，激励对象有亏损的风险 考核条件复杂、成本高，稍有不慎极易埋下隐患
虚拟股激励模式	对核心员工具有激励、约束作用 不影响股东控制权 操作简单，方式灵活 不影响企业资本总额和股权结构 能够甄选出业绩好的人才	易让激励对象过分注重短期利益 企业现金支付压力大 影响公司资本积累

实股激励模式、期股激励模式、虚拟股激励模式 3 种股权激励模式各有千秋，并不存在所谓的完美模式，企业在选择时，要根据自身实际情况和战略目标进行，既可选择其中一种模式，也可选择其中两种甚至 3 种模式组合使用。

6.2　股权激励十定法

单纯的股权激励，并不总能解决企业的所有发展问题。股权激励是一把双刃剑，有利也有弊，发挥股权激励最大功效的关键在于如何使用它。

在企业实践中，失败的股权激励方案往往存在同样的问题，例如，方案设计不系统也未审查、激励的实施无保障也无约束、激励的兑现无条件也无制度等。鉴于此，股权激励方案要从目的、模式、对象、载体等 10 个方面予以确定，是为"股权激励十定法"。

6.2.1　定目的及案例

有的才能放矢。企业在设计股权激励方案时，首先就要明确要达到什么样的目的。当然，不同发展阶段中的企业在设计股权激励方案时，侧重点是不一样的。

股权激励方案一般有以下几个共同的目的。

（1）实现利益捆绑。股权激励方案就是要树立员工的主人翁意识，让其认为自己是企业的主人，而不仅仅是打工者。通过捆绑，将企业长远发展的整体利益与员工的个人利益结成利益共同体。

（2）有效吸引人才。人力资源是企业发展中至关重要的资源，尤其是优秀人才的作用不可忽略。企业通过股权激励与优秀人才分享企业发展的红利，在满足人才物质生活需求的同时，也满足了人才自我实现的精神追求。

在阿里巴巴的合伙人制度中，有两个永久合伙人，一个是马云，另一个是蔡崇信，从中可见蔡崇信对阿里巴巴和马云的重要性，有人称蔡崇信为"马云背后的男人"。

蔡崇信家世显赫，其本人在13岁就赴美读书，后就读于耶鲁大学，获得经济学学士和法学博士学位，其在加入阿里巴巴之前就已经是年薪70万美元的投资公司副总裁了。蔡崇信加入阿里巴巴之后，为阿里巴巴构建了企业结构并带来了关键的融资，成就了现在的阿里巴巴。可见留住人才对企业的重要意义。

（3）降低资金成本。企业在创业或者发展初期，面临的资金压力较大。采取股权激励模式，以未来的收益留住关键人才和核心团队，可以有效地减轻企业当下的资金支付压力。

（4）约束短视行为。如果员工只抱着打工的心态，就可能为了短期利益而采取一些急功近利的行为，从而损害企业的长远发展利益。实施股权激励，就是要把员工利益和企业发展联系在一起，员工为了自身利益的最大化，必然会重视企业发展。

A企业王先生看到别的企业在实施了股权激励之后业绩大幅增长，于是也想在企业里实施股权激励。但王先生对股权激励知之甚少，也没有对自己的企业做深入的调查研究，只是简单地认为股权激励就是给员工"分钱"，于是匆匆上马股权激励方案，决定给入职一年以上的所有员工配发1000股公司期股。

股权激励方案实施一段时间后，并没有收到预期的效果。企业的管理层和高级技术人员认为自己的贡献大，应当多配发股份。部分普通员工认为股份权益兑现的时间较长，不愿意出资购买。受国内外环境影响，企业当年业绩大幅下滑，多数员工不愿意自掏腰包按协议认购股份，引发大量纠纷。王先生为此大为头疼，企业的发展受到严重影响。

究其原因，还是王先生在定方案之前，并没有弄清企业究竟想通过股权激励达到什么样的目的，盲目上马项目，导致难以收场。

6.2.2　定股权模式及案例

股权激励模式中，虽然分的是利润，但是员工有了企业主人翁的感觉。

工资奖金，分的是当期的利润，而股权激励除了分当期的利润（分红），还分未来的利润（增值收益）。因此，股权激励，可从时间和标的两个维度进行划分，图 6.2-1 所示为股权激励的四分法。

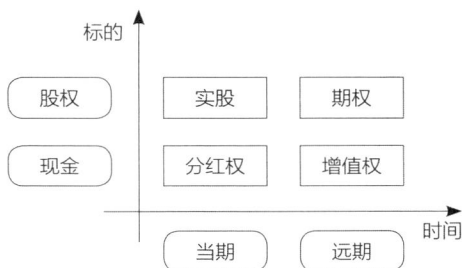

图 6.2-1　股权激励的四分法

据图 6.2-1 可知，当期的现金激励就是分红，远期的现金激励就是增值收益，当期的股权为实股，远期的股权就是期权。

（1）分红权。分红权多为成长型企业所采取，又称为"干股"，是指给予激励对象一定比例的分红权，其并不真正享有股权的所有权和其他股东权益。激励对象按照协议的约定分得利润，一般情况下不需要激励对象出资购买股份，多数企业约定在来年支付当年应分的利润，以此来留住人才。

（2）增值权。分红权分的是当期利润，如果企业效益不好，人才就容易流失。而采取增值权模式，人才在想跳槽的时候就会考虑到未来会不会损失一大笔钱，从而降低跳槽的意愿。

增值权适合盈利比较稳定的企业，或者预备上市的企业。这个阶段的企业的利润不能被全部分掉，而是要预留一部分满足未来发展需要。向员工分享企业的愿景，也可以坚定员工为企业奋斗的信心。

增值权应用相对成功的是华为的虚拟股模式。目前，华为是世界500强企业中唯一没有上市的公司，其股票不能在市场上自由流通。华为所采取的虚拟股与上市公司的股票存在巨大的差异。

华为的虚拟股模式有以下特点。

①授予对象。华为认为应该保护强者的权利，华为将员工划分为三种层次，即普通员工、奋斗者、卓有成效的奋斗者，达到华为13级以上或者考核达到A类或B类的员工，才能被称为奋斗者，并享受公司分红的权利。

②定额机制。华为不同级别的奋斗者享受到的股权配额是不一样的，简单来说，级别越高的员工享受到的配额越多，这样可以鼓励员工不断努力进步。

③部分出资。华为授予员工的股权是要求员工出一部分钱来购买的，这样可以让员工更加珍惜。如果员工资金不足，华为联合商业银行为员工进行贷款。当然，因为华为的股权回报率非常高，员工都是愿意购买的。

④利益回报。假如公司遇到经营困难，或者研发投入过多导致当年的收益下降，华为承诺为股权持有员工按一定利率给予保底收益。正常情况下，董事会根据公司的分配政策计算出每股分红，员工根据自己的考核等级和分配系数就能计算出自己的收益。

（3）实股。实股在实际中多以限制性股票的方式授予，即当期给予激励对象实股时会约定一定的限制条件，比如股权只能转让给企业内部股东、未达到预定业绩目标时企业按一定价格回购股份等。

实股经工商登记之后，持有者享有企业股东的基本权利，所以进行实股激励的时候需要注意对企业控制权的稀释问题。

（4）期权。期权是约定激励对象在将来的一定时期内以预先约定好的价格购买企业一定数量的股票。在上市之前的企业中这种激励模式十分常见，因为一旦企业上市则可能会给股权的持有者带来丰厚的回报，但企业不可能在上市之前将自己的股权大量授予员工，所以通常采取期权激励模式让员工保持对高回报率的期待，从而努力为企业工作。

6.2.3　定对象

定对象就是要解决对何人进行激励的问题。雨露均沾、绝对平均的股权激励并不能使激励对象感受到被重视。如果把股权激励比喻成一张网，覆盖面积过小，会导致企业员工之间的差距过大、财富过度集中，引起大多数员工的反感；如果覆盖面积过大，则成了发福利，并不能收到激励的效果。所以，确定激励对象是制定股权激励方案时的又一重要方面。

1.　定激励对象的范围

在激励对象的确定过程中，可以对企业各层级人员进行大致分类。

（1）核心决策层。此类人员一般是能从战略上把握企业运营管理方向，能决定企业运营管理的重大事项的人员，比如董事长、董事、总经理、经理等。

（2）管理层。此类人员维持了企业正常的运转，决定和执行了企业日常经营管理的众多事项，比如部门主管、业务经理等。

（3）骨干人员。企业各个部门中的骨干力量，对企业有着特殊贡献或者掌握了关键技术，在市场上属于稀缺的人才，此类人员具有高附加值和不可替代性的特点，应当纳入股权激励的范围。

对上述几类人群，应当给予适当的股权激励，以小投入带来大回报，起到"四两拨千斤"的效果。考虑到企业不同发展阶段的特点，激励侧重的人群也应有所区别。

对初创型企业，企业的规模较小，管理和决策相对简单，企业的主要目标就是快速发展，占领市场。此时激励对象应当侧重掌握核心资源、技术的骨干人员。

对发展期和成熟期的企业，企业的运营已经步入正轨，运营管理对企业的作用越来越凸显，此时的激励措施可以向管理层倾斜。

对发展瓶颈期、衰落期的企业，企业的业绩增长乏力，固有的运营管理模式、组织架构、产品研发等急需更新迭代，企业迫切需要打造新的增长点，此时对于那些能带领企业走出困境的关键人才（不局限于管理人才、技术人才还是销售人才等），应当给予重大股权激励。

2. 定激励对象的原则

激励对象的选择是一个复杂的工程，稍有不慎就会引起企业内外部人员的不满，引发企业经营危机。在选择激励对象的时候应当秉持以下原则。

（1）合法合规原则。对于股权激励，《中华人民共和国公司法》《中华人民共和国证券法》《上市公司股权激励管理办法》等法律法规予以规制。企业实施的股权激励方案必须在法律允许的框架范围内，尤其是对于法律规定的不得成为股权激励对象的人员，严禁通过变通的方式给予股权激励。

（2）公平公正原则。成为股权激励对象就意味着在当下或者未来能收获利益，所以人人都想成为被激励的对象。但企业的资源是有限的，而激励的目的也是"奖励先进，鞭策后进"，这就注定了股权激励只能授予部分人才。此时，公平公正的考核体系就显得尤为重要，企业必须采取能让人心服口服的股权激励方案，才不至于引起员工之间的情绪对立。

（3）不可替代原则。既然股权激励的对象是有限的，那么拥有特殊技能，或者其工作无法被其他人简单替代的员工，也应当被纳入股权激励范围。

（4）价值贡献原则。对企业做出贡献的员工，如果不能被授予股权激励，股权激励就失去了存在的意义。企业对员工价值的评价，不但要着眼于当前，更要面向未来，侧重考虑员工的历史贡献以及着重权衡员工对企业未来的价值。

图 6.2-2 所示为股权激励对象确定 4 原则。

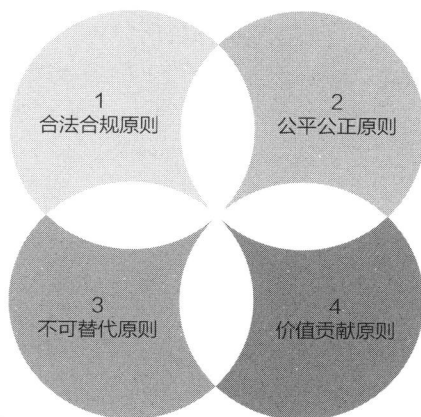

图 6.2-2　股权激励对象确定 4 原则

上文从 4 个不同维度讲述了确定股权激励对象时的重要原则，只有企业以这些原则为指导，配合合适的股权激励模式，企业的激励才能收到预期效果。

6.2.4　定载体

定股权激励载体，解决用来激励的股权放在哪儿的问题。按股权激励载体划分，持股方式分为直接持股和间接持股。直接持股可以由激励对象直接持股，也可以由激励对象委托他人代持（实践中，企业为避免纠纷，一般不允许激励对象采取委托持股方式）。间接持股主要是激励对象通过有限责任公司、有限合伙企业和员工持股平台持股。

（1）直接持股。激励对象经工商登记后直接成为目标企业的股东，被称为自然人股东，享受《中华人民共和国公司法》规定的股东权利和承担股东的义务。股东的主要义务是按约出资，而股东享受的权利则包括多方面：如参与企业决策的权利，主要是提请召开股东会、参与股东会行使投票权；参与企业管理的权利，参与提名、投票选择企业的董事、监事和高级管理人员等；知情权，可以依法查阅企业账簿等；分红权，有权利要求和参与企业分红。

因股东的权利较多，直接持股方式的激励力度较大，适合与企业发展理念匹配并能与企业长期共同发展的激励对象。由于有限责任公司的股东人数上限有规定，直接持股激励的范围较小，频繁的工商登记变更程序也会耗费企业一定的时间成本，因此需要慎重选用这一激励方式。此外，使用直接持股方式时还要考虑到企业控制权被稀释的风险。

（2）间接持股。间接持股方式，是指激励对象不直接成为目标企业的股东，而是先成为持股平台的股东，持股平台再成为目标企业的股东，激励对象间接持股目标企业。

持股平台可以是有限合伙企业，也可以是有限责任公司。激励对象作为持股平台的股东，享有持股平台的股东权利，对持股平台履行股东义务。同理，持股平台才是目标企业的股东。

大型创业企业更乐于使用间接持股的方式。创始人通过控制持股平台（成为有限合伙企业的普通合伙人，或者有限责任公司的大股东），行使在主体企业的股东权利。经过多层控制之后，可以实现以较小的资金成本牢牢控制主体企业的目的。

间接持股方式适合激励对象为众多基层员工的企业，因为基层员工的流动性大，频繁进行股东的工商登记变更并不现实。

6.2.5 定数量及案例

股权激励数量的确定存在两方面问题，一是企业能拿出多少股权用作激励（总量），二是激励对象能获得多少股权（个量）。在股权激励中，总量不是个量的简单相加，个量也不是总量的平均分配，量的具体确定是个双向的过程，关系到股权激励方案的成败。

1. 总量的确定

企业在确定股权激励的总量时，应当考虑以下几个方面的因素。

（1）企业股权结构。企业应根据自身的发展情况和风险把控偏好来决定释放的股权总量，同时还要考虑到企业未来融资、引进合伙人等需求，预留一定的股权份额。

（2）企业战略规划。企业当前的激励人数容易确定，但未来需要激励的人数则应根据企业的未来发展战略进行推演。企业应综合考虑未来的股权融资、并购重组、上市等规划，勾勒企业未来组织架构，预测岗位编制，再计算出未来的大概激励人数。

（3）股权激励力度。如果激励的力度过小，则激励的效果不明显、动能不足；力度过大，会导致财富过度集中，也会影响到企业的再投入。企业具体应采取多大的激励力度，需要考虑外部、内部、纵向和横向4个维度，即与同行业比、与现有薪酬比、与历史薪酬比、与其他岗位薪酬比。

此外，企业还需考虑其行业特点、发展阶段、人力资源依赖度等。对传统行业来说，激励总量可控制在10%～20%；创业企业、高科技企业、知识密集型企业可以多一些，在30%～40%。不管给予多少激励总量，都要分次授予、逐步到位，这样既能把控风险又可以慢慢甄选人才。

2. 个量的确定

企业股权激励要落实到具体对象手中，才能发挥出激励的作用，但不同企业情况不一，为确定股权激励的个量，可采用以下方法。

（1）直接评定法。企业董事会或者评定委员会，根据制定的规则，综合激励对象的业绩、岗位、历史贡献等因素，直接决定激励对象的股权授予数量。这种方法比较简单，适合企业人数不多的非上市企业。

（2）期望值确定法。这种方法是预先设定激励对象受激励的期望值，推算出股权激励到期时的每股可能收益，由此得出应该授予激励对象股权的具体数量。

（3）模型测定法。通过建立相关的员工价值与贡献评价模型，对每位激励对象为企业贡献的价值进行评分，获得相应的分配系数，再根据分配系数在企业总分配系数中的比例进行股权的分配。计算公式如下：

个体激励额度 = 企业激励总量 × 激励对象个人分配系数 ÷ 企业总分配系数

A 企业是专门从事手机小程序研发的科技企业，李工毕业于名牌大学，经校招进入 A 企业后研发出了几个"爆款"App，为企业取得了良好的经济效益，在业界也收获了良好的口碑。当然，李工也成了其他企业争相招揽的人才。

为了留住李工，让其安心地为企业的发展出力，经 A 企业董事会商讨决定给予李工期股激励。对比其他企业开出的高薪，得出李工期望的年薪至少比现在多出50%，再根据企业的历年利润情况，测算出在未来三年内逐步授予李工 1% 的企业股权比较合适。

经过仔细测算的股权激励方案，让李工感到非常满意且动力十足。随后，他安心为企业工作，创造出新的业绩。

6.2.6　定价格及案例

上市公司股权激励的行权价格可以参照公司的股票价格，且《上市公司股权激励管理办法》等法律法规亦有相关规定。非上市企业没有相应的股票市场价格作为参照,需要采用专业评估方法对企业价值进行评估,以确定股权内在价值,并将之作为股权行权价的基础。

非上市企业常用的评估方法有注册资本标准法、净资产估值法、当期估值法。图6.2-3所示为非上市企业股权激励3种价格评估法。

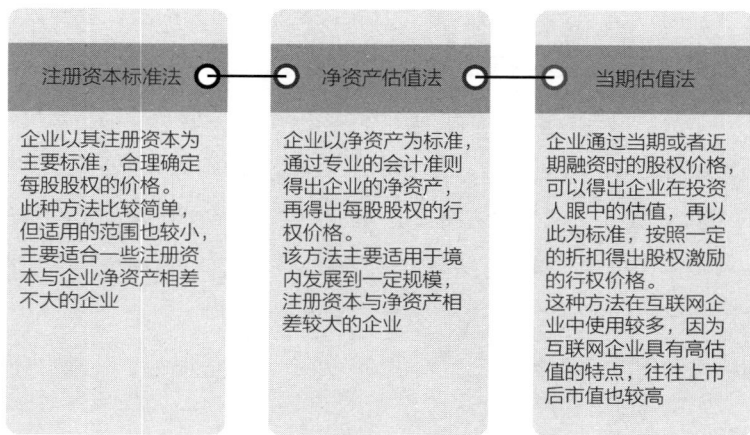

注册资本标准法	净资产估值法	当期估值法
企业以其注册资本为主要标准,合理确定每股股权的价格。 此种方法比较简单,但适用的范围也较小,主要适合一些注册资本与企业净资产相差不大的企业	企业以净资产为标准,通过专业的会计准则得出企业的净资产,再得出每股股权的行权价格。 该方法主要适用于境内发展到一定规模,注册资本与净资产相差较大的企业	企业通过当期或者近期融资时的股权价格,可以得出企业在投资人眼中的估值,再以此为标准,按照一定的折扣得出股权激励的行权价格。 这种方法在互联网企业中使用较多,因为互联网企业具有高估值的特点,往往上市后市值也较高

图6.2-3 非上市企业股权激励3种价格评估法

图6.2-3所列的非上市企业股权激励3种价格评估法,在市场中较为常用,且相对简单,操作比较容易。此外,净现金流量折现法、市盈率定价法、市场比较定价法等方法也常被用来进行股权行权价格的评估。

A公司是一家互联网电商企业,成立已2年有余,公司员工平均年龄较小,大多数员工都是随着创始股东一起创业的,公司气氛和谐。随着公司业务的扩大,市场占有率大幅提升,业绩也快速上升,吸引了风投,风投给出了公司的估值。为了让员工分享未来的发展利益,控股股东愿意拿出5%的股权用以股权激励。A公司聘请的股权激励设计团队,给出了以下方案。

预定股权激励行权期为3年,第一年按照公司净资产定价,第二、第三年股权激励计划的行权价格根据公司不同轮融资所确定的估值在1~3折的范围内来确定。

6.2.7　定时间及案例

股权激励是一个连续的、长期的过程，企业在不同的发展阶段都可以实行股权激励。股权激励方案中涉及的时间，主要包括有效期、授权日、可行权日、失效日、等待期和禁售期等。

（1）有效期。股权激励计划的有效期自股东大会通过之日起计算，一般不超过 10 年。有效期内，每期授予的股票期权，均应设置行权限制期和行权有效期；每期授予的限制性股票，其禁售期不得低于 2 年。

从企业角度看，有效期越长就意味着激励价值越大。但对于激励对象来说，有效期过长代表着未来面临的风险可能就越大，激励作用反而变小。为此，有效期的设置除应当符合法律规定之外，还应综合考虑企业和激励对象的具体情况，适当予以确定，一般在 3 ~ 5 年。

（2）授权日。授权日即企业向激励对象正式授予激励股权的日期。股权激励方案中，授权日是个很重要的节点，其他如等待期、行权期、失效期等，通常都以授权日为起点计算。

上市企业的授权日必须在交易日，非上市企业则没有具体限制性规定，但也应选择在工作日，并和企业考核日期对应。

法律对于上市企业的授权日有其他限制性规定，下列日期不得作为授权日：上市企业定期报告公布前的 30 日、重大交易或事项决定过程中至该事项公告后的 2 个交易日、自其他可能影响股价重大事件发生日起至公告后的 2 个交易日。

（3）可行权日。可行权日是股权激励对象可以行权的日期，行权后即可获得收益。换言之，行权的具体期限是自等待期满次日起至股权有效期满之日止的期间。企业可在规定范围内自行决定可行权日的基准，比如授权日后一年、员工入职满 2 年、企业成立 3 周年纪念日等。

（4）失效日。失效日为行权的最后期限，如果过了这一天，激励对象还没有行权，那么股权激励方案就作废，激励对象不能再行权。

（5）等待期。激励对象获受股权后不能立即行权，而是需要等待一段时间，等到行权日后才能行权，通常为 1 ~ 3 年，该期间被称为"等待期"或者"行权限制期"。企业在股权激励计划中设置等待期，是为了避免员工将股权激励作为投机而非投入，也有利于其安心留在企业。

（6）禁售期。对激励对象持有股票（股份）的流通性进行限制，期满后才能自由出售、转让，这个期间就是禁售期，一般多设定在半年到3年之间。如某企业规定股权激励的对象在企业任职期间，每年可转让的股份不得超过其所持本企业股份总数的30%，离职后一年内不得转让其所持有的本企业股份。

上市公司东方时尚（603377.SH）于2021年8月11日在投资者互动平台表示，公司的股权激励行权价是按照股权激励相关规则制定的，行权价格不低于股票票面金额，且原则上不得低于下列价格中的较高者：①股权激励计划草案公布前1个交易日的公司股票交易均价；②股权激励计划草案公布前20个交易日、60个交易日或者120个交易日的公司股票交易均价之一。 公司本次股权激励计划行权日期分别在2022年和2023年，短期内公司股价低于行权价格不影响股权激励计划的有效性。

6.2.8　定来源及案例

定来源是确定企业股权激励方案股票的来源和资金的来源，非上市企业和上市企业在这两方面各有不同。

1. 定激励标的（股票）的来源

上市企业和非上市企业在股东人数和股票的流通性上有较大差别，所以股权激励标的的来源差异巨大。

（1）对于上市企业，《上市公司股权激励管理办法》规定，上市企业可根据实际情况，通过以下集中方式解决标的股票来源，包括：向激励对象发行股份；回购本公司股份；法律、行政法规允许的其他方式等。实践中，上市企业多运用向激励对象定向增发股份的方式，这种方式不仅未增加企业的现金支出压力，而且行权后企业的资本金还会有一定程度的增加。

上市企业无特殊原因的，原则上不得预留股份。确需要预留股份的，预留比例不得超过本次股权激励计划拟授予权益数量的 10%。

（2）对于非上市有限责任公司，不能通过回购公司的股份来进行股权激励，可通过转让和增资的方式来解决激励标的的来源问题。

股权转让中，企业的原股东拿出部分股权转让给激励对象。具体拿出多少、是按比例拿还是由控股股东拿等问题由股东自行决定。

增资扩股中，经股东大会三分之二以上持股股东决议同意后，企业可以增资扩股，用扩充的股份来授予激励对象。行权后，企业注册资本增加，应当履行相应的变更手续。

非上市股份有限公司，除了上述两种方式外，还可以通过回购本公司股份解决激励标的的来源问题。

2. 定激励的资金来源

在通过什么方式解决股权激励的购股资金问题上，上市企业与非上市企业也存在差异。

（1）对于上市企业，如果上市企业采用的是股票期权或折价购股型限制性股票的股权激励模式，股票是通过"增量"方式取得的，激励对象必须自己筹集购股资金。根据相关法规，上市企业不得为激励对象筹集购股资金提供资助或提供担保，上市企业提取的激励基金也不得用于资助激励对象购买限制性股票或者行使股票期权。

如果上市企业采用的是折扣购股型限制性股票的股权激励模式，根据相关规定，上市企业可以提取激励基金，用于从二级市场上回购本企业股票用于股权激励。

（2）对于非上市企业，法律对非上市企业激励对象如何取得股权激励标的没有强制性规定，所以其资金来源途径较多：激励对象自筹、从激励对象工资或奖金中扣除、企业或者股东借款给激励对象（或者为激励对象的借款提供担保）。

2015 年 6 月 23 日，比亚迪公司控股股东、实际控制人通过大宗交易减持 3259.06 万股公司股份，占公司总股本的 1.32%，减持均价为 55.71 元 / 股。比亚迪表示，此次减持的主要目的是配合实施员工持股计划，减持所得资金全额无息借予员工持股计划持有人。对于此次员工持股计划，比亚迪做出如下规定。

（1）资金来源为公司的合法薪酬、自筹资金和法律、行政法规允许的其他方式，公司控股股东拟向员工提供无息借款支持。

（2）股票来源为员工持股计划。在股东大会审议通过后 6 个月内，由员工持股计划的持有人取得并持有不超过 3266 万股比亚迪股票，取得方式为通过国联证券受托管理的"国联比亚迪 1 号集合资产管理计划"，定向受让控股股东所持的比亚迪股票。

6.2.9　定条件及案例

股权激励如果只有激励而没有约束，那么激励计划就成了单纯的奖励计划，显然并不可取。股权激励的约束条件应分为两部分，一是股权的授予条件，二是股权激励的行权条件。

1.　授予条件

授予条件是激励对象获受股权时必须达到和满足的条件，除了激励对象需要具有特定的资格外，授权企业也需要具有特定的主体资格。

对于上市公司，如果存在下列任一情形即丧失了实施股权激励计划的主体资格：最近一个会计年度的财务会计报告被注册会计师出具否定意见或者无法表示意见的审计报告，最近 1 年内因重大违法违规行为被证监会予以行政处罚，证监会认定的不能实行股权激励计划的其他情形。

对于上市公司的股权激励对象，如存在下列任一情形即失去股权激励计划的法定获受条件：最近 3 年内被交易所公开谴责或宣布为不适当人选的，最近 3 年内因重大违法违规行为被证监会予以行政处罚的，具有公司法规定的不得担任公司董事、监事、高级管理人员情形的。

除了上述法定情形之外，企业在实施股权激励计划的时候，也可对激励对象增加一些限制性条件，如满足一定的工作年限、达到一定的业绩目标等。

2. 行权条件

行权条件针对的是已获受股权的激励对象，要求其在行权时必须达到或满足一定的条件。实践中，行权条件主要包括员工业绩是否达标，即激励对象只有在经企业考核达标后才能行权。

为了保证考核的公正性和易操作性，一般以总量指标和财务指标作为考核的主要指标，如净利润增长率、净资产收益率等。

某公司股权激励方案规定的激励对象行权条件，除法定条件外，还包括如下条件。

（1）激励对象行权前一年度的绩效考核为良好及以上。

（2）本年度净利润增长率达 10% 以上。

（3）激励对象行权的前一年度，扣除非经常性损益后的加权平均净资产收益率不低于 10%。

3. 达不到行权条件的处理办法

原则上来说，若激励对象未满足行权条件或者企业业绩不达标，则当期激励对象不得行权。当然，在实践中也会采取一定的变通措施，若未达到行权条件，企业会以激励对象支付的成本价及相应的利息对股权予以回购。

6.2.10　定退出及案例

激励对象或者目标企业的情况经常会出现变动，而好的股权激励方案必须要未雨绸缪，预先考虑在发生法定或者突发事件时，如何确保激励对象顺利退出，这对企业的安稳运营、激励对象的利益保护都是必要之举。

非上市企业的股权激励退出机制相对灵活，而上市企业的退出机制则约束较多。一般以下几种情况会引发股权激励对象退出的后果。

（1）激励对象离职。合同到期、激励对象主动辞职，或者因公司裁员而被迫离职，或者因激励对象违反公司规定被辞退，这些情况都会导致激励对象离职的后果，此时，对已行权股票不做处理，已获受但尚未行权的期权不得再行权。

（2）激励对象职务变更。激励对象变更职务，如职务变更为监事、独立董事或其他不能持有公司股票期权的职务时，其已行权股票不做处理，已获受但尚未行权的股票期权不得行权。

（3）激励对象资格变化。激励对象如因出现以下情形之一导致不再符合激励对象资格的，对已行权股票不做处理，主要包括：已获受但尚未行权的股票期权由公司注销、不得再行权；最近 12 个月内被证券交易所认定为不适当人选；最近 12 个月内被证监会及其派出机构认定为不适当人选；最近 12 个月因重大违法违规行为被证监会及其派出机构行政处罚或者采取市场禁入措施；具有《公司法》规定的不得担任公司董事、高级管理人员情形的；法律法规规定不得参与上市公司股权激励的；证监会认定的其他情形。

（4）其他情形。激励对象退休、身故、丧失劳动能力后离职等情形也会导致股权激励对象退出的后果，当出现这些变故时，企业可设定薪酬委员会按照发生变动事由前激励计划的相应程序进行，不再将个人绩效考核结果纳入行权条件。已经行权的股票不做处理，已获受但尚未行权的股票期权不得再行权。

股权激励对象的退出，在上市公司的公告中时常能够见到。汇顶科技（股票代码 603160）在 2022 年 4 月发布了一则关于公司股票期权激励方案的草案，其中对常见的离职、辞职、退休、职务变动、法定丧失授权资格等情形下的退出都有相应规定。而对股权激励对象身故后的退出，汇顶科技分两种情况予以处理。①激励对象因公身故的，已行权的股票期权可由其继承人代为持有；已获受但尚未行权的股票期权，其中 50% 可按照规定行权，剩余部分由公司注销。②因其他原因身故的，以身故之日为起点，激励对象已获受但尚未行权的股票期权不得行权，由公司注销。

6.3　超额利润激励法

股权激励以股权作为基础，是中长期激励，激励对象获得利益的期限较长，且有亏损的风险，所以股权激励模式并不符合所有人的需求。在这种情况下，超额利润分红激励法不失为一个好的选择。

6.3.1　超额利润激励法概述

超额利润激励，是指在企业完成既定的目标利润后，将超出部分的利润与相关利益贡献者进行分享。一般来说，该方法的激励力度比较大。

多数企业在对核心人才和管理层实行激励方案时，并不是一开始就运用股权激励模式，而是实行"超额利润激励—在职分红股激励—135 股权激励"的三步走战略。

首先引入超额利润激励，该方法既有利于满足企业业绩快速增长的需求，又让激励对象看到企业发展的潜力。

其次梳理企业文化和战略目标，确定企业定位，做好发展规划，同时引进在职分红股激励。

最后做好 135 股权激励。1 年在职分红，3 年滚动考核（包含前面的 1 年分红期），5 年锁定，这是国际上通行的股权激励周期。

因此，超额利润激励法作为激励的"起手式"，显得十分重要。

1.　超额利润的认定方法

超额利润激励，关键是要确定利润达到什么样的标准才能认定为超额利润。企业可以以自身经营指标为参照物，根据历年平均利润增长率来计算超额利润，也可以参照同行业类似企业的平均利润增长率。

假设某企业 2018 年的利润为 100 万元，2019 年的利润为 120 万元，那么增长率就为 20%，若 2020 年利润达 150 万元，利润增长率就为 25%，如果 2021 年利润为 200 万元，增长率为 33%。三年的利润增长率平均数就为 26%，因此可以设定 2022 年的目标利润为 200×（1＋26%）=252（万元），超过此部分的可以认定为超额利润。

2. 超额利润比例确定

对于完成超额利润的贡献者，企业可以按以下思路给予分红激励。

（1）固定比例分红。对于超额利润按照固定的比例给予贡献者分红，这种方式比较简单，但也略显粗糙，当超额利润足够大的时候，可能会产生激励不足的窘境。

（2）递进式比例分红。对超过不同区间上限的超额利润设定不同的分红比例，类似于个人所得税的累进税率制。表 6.3-1 所示为 A 企业超额利润分红方案。

表 6.3-1　A 企业超额利润分红方案

超出部分的比例	激励幅度
0 ~ 25%	奖励超额部分的 10%
25% ~ 50%	奖励超额部分的 15%
50% 以上	奖励超额部分的 30%

表 6.3-1 所示的分红方案运用了超额利润激励法中的递进式比例分红法，当然企业也可以根据需要自行设定分红方法。比如，企业可以设定每达到一定档次的业绩目标就按一定的比例分红。

3. 超额利润的递延支付

递延支付就是在当期不向激励对象支付全部应得分红，而是递延一段时间后再全部支付。这样做的好处有：一是可以缓解企业当期的资金支付压力，二是可以实现与激励对象的利益捆绑。递延支付一般遵循"532 原则"：当年支付

50%，第二年支付 30%，第三年支付剩余的 20%。

6.3.2　超额利润激励法案例

A 企业为鼓励管理层多干多拿，将总经理的薪酬结构规定为：基本薪酬（50%）+ 目标绩效奖金（30%）+ 超额利润激励（20%）。假定该企业 2015 年利润为 300 万元，预期年利润增长率为 20%，无风险利润率（即投资无风险项目的利率）为 6%，那么该企业 2016 年的目标利润定为多少合适？

该企业 2016 年目标利润 =300×（1 + 20%）×（1 + 6%）=381.6（万元）。

为方便计算，以 380 万元作为 A 企业 2016 年目标利润，超过该利润目标即可享受超额利润激励。对于超额利润如何提取，该企业又细化了累进制的提取比例，如表 6.3-2 所示。

表 6.3-2　A 企业累进制提取比例

利润超额情况	区间	提取比例
超额比例 ≤ 20%	0 ~ 20%	10%
20% ＜超额比例 ≤ 50%	0 ~ 20%	10%
	20% ~ 50%	20%
超额比例＞ 50%	0 ~ 20%	10%
	20% ~ 50%	20%
	50% 以上	30%

假设 A 企业 2016 年实现利润 500 万元，超过目标利润 20% 以上未达 50%，根据累进制比例计算，总超额利润为 120 万元，其中超额利润区间在 0 ~ 20% 之间的利润为 76 万元，在 20% ~ 50% 之间的利润为 44 万元。那么总经理应得的超额利润激励为 380×20%×10%=7.6 万元，剩余 44 万元超额利润应分得 44×20%=8.8 万元，合计为 16.4 万元。

按照"532 原则"，该总经理 2016 年实际可以获得分红 16.4×50%=8.2 万元，剩余 8.2 万元在未来两年内逐步获得。

6.4 在职分红股激励法

在职分红股又被称为身股，顾名思义是在职的时候有，不在职的时候就没有。在职分红股持有者仅享有分红的权利，不具备其他的股东权利。

6.4.1 在职分红股激励法概述

当激励对象达到约定的条件且企业有利润时，就能参与分享企业利润。在职分红股不需要激励对象出资购买，而是达到条件后自动获得。

1. 在职分红股激励的特点

在职分红股激励实质是虚拟股权激励。激励对象获得在职分红股只享有分红权（在企业盈利的情形下），不享有股份的所有权和表决权等，也不能买卖、私自转让和继承在职分红股，激励对象离职后就不再享有分红权。

2. 在职分红股激励的好处

在职分红股激励有三大好处。

（1）加强员工归属感。通常情况下，利润分红的权利只属于股东，普通员工没有办法享受。实施在职分红股激励之后，员工也享受到了分红权，这让员工产生了归属感。

（2）增强员工的荣誉感。股权是企业珍贵而又稀缺的资源，企业拿出在职分红股授予员工，能使员工感受到企业对其的认可和重视，激发员工强烈的荣誉感，使员工在精神层面上高度认可企业。

（3）提高员工的责任感。持有在职分红股的员工在一定程度上变成企业的"主人"，员工的利益与企业的利益捆绑在一起，只有企业的业绩提升了，员工才能分得更多的利润。

3. 在职分红股激励的难点

在职分红股激励看似简单，但如果在实际操作中把握不好以下几点，就会让激励效果大打折扣，甚至适得其反。

（1）激励对象的选择，需要对岗也对人。激励最终指向的是人，选择什么样的激励对象是实施在职分红股激励时首先要考虑的问题。一般情况下，企业根据自身情况，对关键岗位上的关键员工实施激励。

（2）考核目标的确定，应以 3 年为一个周期。考核周期过短，缺乏长期的激励性，周期过长则不利于企业的灵活调整，如果调整过于频繁，还会让激励对象失去对激励措施的信任。一般而言，企业应以 3 年为一个周期，设定考核目标，激励周期结束后再重新制定、滚动实施。

（3）分配额度的确定。对激励总量的确定，应综合考虑企业的盈利情况、激励对象人数、企业历史薪酬水平、同行业企业激励情况等因素。对激励对象数量的确定，可从岗位（Position）价值、个人（People）因素和绩效（Performance）3 个方面考虑。

除此之外，科学公正的考核制度、合理有序的退出机制也是在职分红股激励方案不可或缺的内容。

6.4.2　在职分红股激励法案例

A 公司是一家从事汽车零配件销售的企业，经过几年的发展之后，公司员工已经有 90 多人，年产值达到 3000 多万元。但在最近几年，公司遇到一个很大的麻烦：核心管理人才流失严重，而这些核心管理人才的流失往往会带走大量的客户资源，影响公司的后续业绩。经调研，大多数离职的人员都认为公司给的钱不到位，没有达到他们的预期。

为解决公司面临的困境，A 公司决定实施在职分红股激励，拿出公司的部分利润分给核心管理人员。

1. 定在职分红股的来源

A 公司股本为 1000 万股，有 5 个股东，决定拿出 100 万股用于股权激励。

经股东大会一致讨论通过，由 5 个股东按比例稀释出股份用于在职分红。

2. 定激励对象

入职 2 年以上，且通过考核的核心管理人员为激励对象。

考核项目包括公司业绩考核和个人考核。表 6.4-1 所示为 A 公司在职分红股激励的考核项目。

表 6.4-1 A 公司在职分红股激励的考核项目

考核指标	项目	评分标准
业绩指标	公司业绩指标	公司业绩指标完成率＞90%，分配系数为 1；完成率为 80% ～ 90% 的，分配系数为 0.8
	部门业绩指标	部门业绩指标完成率＞80%，分配系数为 1；完成率为 70% ～ 80% 的，分配系数为 0.8
个人指标	学习指标	学习投资占工资收入的 5% 以上的，系数为 1，每减少一个百分点，系数就降 0.04
	廉洁指标	违法违纪的，一票否决
	价值指标	不认同公司价值观的，一票否决
	支持指标	在公司员工支持率达不到 85% 以上的，一票否决
	满意度指标	客户投诉超过 5 次的，一票否决

经过考核之后，A 公司确定了激励对象和拟分配的在职分红股股数。表 6.4-2 所示为 A 公司在职分红股激励方案。

表 6.4-2 A 公司在职分红股激励方案

序号	职务	人数	每人拟授予的股数
1	总经理	1	30 万股
2	销售经理	2	20 万股
3	运营主管	2	15 万股

相关计算公式如下：

在职分红股实际赠予股数 = 计划赠予职务的在职分红股股数 × 职务考核系数

在职分红股的分红 = 在职分红股实际赠予股数 × 每股可得分红

3. 定退出机制

当激励对象存在以下行为时，在职分红股激励措施失效，当年未发放的部分不再发放。

（1）激励对象主动离职、被辞退、退休、因公殉职或病故等情形（其他奖励、补偿措施按照法律规定或公司其他规定执行）。

（2）触发公司一票否决限制性条件，如违反廉洁自律规章制度、严重损害公司利益、引发重大舆情给公司形象造成严重负面影响等情况。

6.5　135 渐进式激励法

企业创始人想通过给予实股激励的方式留住人才，但往往又害怕后续激励措施跟不上，或者人才拿到实股之后产生懈怠心理。其实，对于企业来说，要把握好股权激励方案的实施期限，太长的期限会让激励对象看不到希望，太短的期限又容易使激励对象产生懈怠心理。为此，135 渐进式激励法应运而生，成为普遍采用的确定激励方案实施期限的方法。

6.5.1　135 渐进式激励法概述

企业做好 135 渐进式股权激励法的关键，在于对"1""3""5"的准确理解和实施。

1. 什么是 135 渐进式激励法

135 渐进式激励法，主要包括以下几点。

（1）1 年在职分红。除非在特殊的情况下，一般不建议企业在短时间内就给予核心高管实股激励并完成工商登记。企业需要设定一个时间段来考察考核拟激励对象的能力和忠诚度，这个时间定为 1 年比较合适，在此期间可以采取在职分红的方式给予核心人才激励。

（2）3 年滚动考核。对核心人才的考验期定为 3 年（包括前面的 1 年在职分红期）比较合适，在这 3 年内可以提前设定业绩增长目标，这样可以避免每年都谈判和修改，在实行过程中，只有遇到重大突发情况或者不可抗力时才能修改既定目标，以保持考核目标的稳定，利于对拟激励对象的公正考核。

（3）5年锁定期。3年考核期满后，激励对象还不能成为企业的正式注册股东，但此时激励对象已经可以享受获受股权的分红权了。这个锁定期一般定为5年。

135渐进式激励法下，周期共8年，利用这么长的时间，企业完全能筛选出适合与企业一起成长的奋斗者，有效避免了企业股权激励的盲目性。

2. 135渐进式激励法的退出机制

锁定期内十分重要的问题就是确定合理的退出机制。激励对象的股权激励退出有主动退出和被动退出两种。

（1）主动退出。主要是激励对象主动离职或主动要求企业收回激励股权。

（2）被动退出。当激励对象触发退出条件时，不再享受股权激励。被动退出主要有以下几种情形。

①给企业利益造成损害，包括自营或者与他人合营与企业相同、相近的业务，故意泄露企业商业机密，严重违背企业的规章制度，因违反国家法律法规被处分等。

②退休、病退、死亡，丧失行为能力或劳动能力。

③企业被收购、合并、分立或者注销。企业的实际控制人发生重大变更。

6.5.2　135渐进式激励法案例

Z公司是一家做游戏软件开发的互联网科技公司。毕业于名牌大学的公司创始人董先生凭借着自己开发的一款游戏在市场中站稳了脚跟，并注册了这家一人有限责任公司，董先生持有Z公司100%股权。随着市场竞争的加剧，董先生感觉到单靠自己一个人是不行的，于是想通过股权激励的办法筛选人才，与公司一起成长。

经过再三比对后，董先生决定导入135渐进式激励法，给予公司开发部三个优秀开发人员和运维主管、销售主管股权激励。根据前3年公司的利润增长情况，公司定下了在 3 年内年增长 15% 的业绩目标，并以此为基础对 5 个激励对象进行考核。

（1）在第一年内，5 位激励对象在完成个人对应的绩效指标后，公司分别授予 3 个开发人员每人 4%，运维主管、销售主管各 5% 的虚拟股。凭对应的股份激励对象在第一个自然年年底可以参与公司的分红。

（2）3 年内，各激励对象按期完成业绩指标，并且没有触发股权激励的退出条件后，可以获得对应的虚拟股奖励。从第二年开始，公司将激励配额股份的一半转化为实股授予激励对象。对于转化为实股的部分，需要激励对象出资购买。股权以注册资本为基础进行估值，并按 7 折授予激励对象。购股资金以当年的分红优先支付，不足部分由激励对象自筹，或者由大股东以无息借款的方式垫付。

（3）双方协议约定的锁定期为 5 年。在 5 年内每年按 20% 的比例释放解锁。对于已经解锁的股权，持有人不得向公司股东以外的人进行转让、赠与。如持有人想要转让该部分股权，由大股东董先生按照原购买价予以购买。在锁定期期满前，激励对象转让股份的，视为其放弃接受股权激励措施，当期及后期的股份和分红不再授予。

（4）在锁定期内，遇到激励对象主动或者被动放弃激励措施的，视为双方的股权激励协议自动失效。

（5）5 年锁定期满后，公司须在第一时间配合激励对象完成相应的股东工商登记程序，并保障激励对象的一切合法的股东权利。

6.6　老员工"金色降落伞"激励法

"金色降落伞"计划中的"金色"，是指金钱补偿，而"降落伞"指的是在员工失去工作后给予其一定的"着陆"保障。"金色降落伞"计划旨在为在企业工作相当长时间的老员工提供激励和保障措施，以促使他们能够发挥领头羊的作用，继续为企业的发展奋斗。

6.6.1　离职老员工感恩计划及案例

一些情况下，即便企业的福利再好，职工出于各种考虑还是会有一部分选择离职。企业如果能做好员工尤其是老员工的离职感恩计划，对企业和老员工都是百利而无一害的。

那么哪些离职老员工适宜实施离职感恩计划呢？一是企业的董事、监事和高级管理人员；二是公认的对企业有特殊贡献的人才；三是与企业签订有离职保密协议的人员。对于第一、二类人员，由于他们为企业做出了很多的贡献，于情于理应保持感恩心态，给予一些经济上的补偿，这既是为了他们老有所养，也是为了表达企业注重感恩的宽广胸襟。对于第三类人员，保密期内给予其经济补偿是法律规定，但企业主动给予感恩激励，能让离职员工感受到真诚，也有利于避免离职员工脱密期的限制而造成收入锐减的泄密风险。

对于这几类人员，可以给予一次性的奖励补助，也可以设定期限，如3～5年，在此期限内，相关人员可以继续拿在职期间的部分工资或者享受分红权利。

电视剧《乔家大院》里，有一段剧情就是实施离职老员工感恩计划的范例。

复字号的老掌柜顾天顺从20来岁就为复字号效力了，工作了快40年，近60岁的时候，顾掌柜决定从老东家这边捞一笔，因为自己快干不动了，不捞一笔就再也没有机会了。当然，顾掌柜敢这么做，也是有依仗的，因为他已经跟二掌柜、三掌柜等几个高级管理人员说好了一起离职另谋高就。

不管从哪个角度讲，顾天顺侵害了企业的利益，开除或者辞退他，完全在情理之中。但这样一来，企业的高管集体离职立马就会给企业的经营带来危机。复字号的实际控制人乔致庸利用离职老员工感恩计划很好地解决了这一难题。

首先，乔致庸揭露了顾天顺的所作所为，指出他这种做法的危害性；其次，乔致庸给了顾天顺充分的台阶，把顾天顺的错误行为归结为因为孝顺老母亲而出的下策；最后，乔致庸拿出了"法宝"——离职老员工感恩计划，宣布凡是在复字号工作 30 年以上的老掌柜都可以保留身股（身股就是以身顶股，是享有分红权的虚拟股）。乔致庸的这一举措很快就赢得了众多掌柜的心，解除了他们的后顾之忧，化解了企业的危机。

6.6.2　在职老员工感恩计划及案例

如果老员工工作达到一定年限（通常是 10 年或者更长）仍然在职，证明他们对企业是高度认同的。此时，企业为这样的老员工设定一定的感恩计划，不但会获得老员工的感恩，还能收获入职年限较短的员工的忠诚，坚定他们在企业继续干下去的信心。

设定在职老员工感恩计划，企业可以根据老员工的在职年限和薪酬结构，按照一定的提取比例，给予奖励。这个奖励金额不一定要按工资方式发放到老员工手上，可以发放到老员工指定的直系亲属账户，或者以老员工的名义为其购买一份定投基金等。

B 公司为在公司工作 10 年以上的老员工设定在职感恩计划，按照固定奖励和按比例提取奖励的方式，根据职位和工作年限设定不同的标准。

固定奖励模式为主管以下（包括主管）的老员工设定，主要以工作年限作为奖励的依据，按月发放。表 6.6-1 所示为 B 公司在职老员工感恩计划一（主管及以下）。

表 6.6-1　B 公司在职老员工感恩计划一（主管及以下）

职位	10 ~ 15 年	15 ~ 20 年	20 年以上
主管	800 元	1300 元	2000 元
副主管	600 元	1100 元	1600 元
普通员工	500 元	700 元	1000 元

对于主管以上的老员工，则根据其职位和薪酬按比例发放奖励。表 6.6-2 所示为 B 公司在职老员工感恩计划二（主管以上）。

表6.6-2 B公司在职老员工感恩计划二（主管以上）

职位	10～15年	15～20年	20年以上
经理	10%	15%	20%
副总经理	15%	20%	25%
总经理	25%	30%	40%

假设副总经理王先生已经入职12年了，他现在的月薪为每月15 000元，那么他每月能享受的感恩激励的收益为15 000×15%=2250（元）。

所有的感恩计划的收益都发放到老员工指定的父母账户中（如父母不在世的，则发放到配偶或儿女账户中），并且公司每年还会组织老员工的父母、儿女、配偶等外出旅游。可想而知，当老员工想要离职的时候，其亲属一定会出于感激公司的待遇而力劝其继续为公司服务。

6.6.3 退休老员工感恩计划及案例

退休，并不意味着退下来就万事休矣！正因如此，很多临近退休年龄的老员工，因为担心未来没有保障，不免产生焦虑情绪或者捞一笔就走的有害思想。为此，企业应做好退休老员工的感恩计划，让为企业奋斗了一辈子的老员工在退休后还能维持体面的生活，也不影响企业的长远利益。

在我国，法律规定了企业要为员工缴纳一定的养老保险，养老保险固然能在一定限度内维持员工的基本生活，但与企业的退休老员工感恩计划不是一回事。合理的退休老员工感恩计划，实际上是企业为员工提供一份长远的愿景规划和职业规划，告诉员工只要好好干，企业就会一直养他们到老。这不仅展示了企业家的胸襟魄力，还有利于让员工把在企业工作当作一份事业，心无旁骛地为这份事业奋斗。

退休老员工感恩计划的实施方式有很多种，对于连续工作达到一定年限的退休员工，企业可以继续按期发放一定的工资，也可以通过为老员工购买商业养老保险的方式，引进保险服务来更好地实现企业减负和退休员工增收的目的。

2020 年，腾讯公司发布了一项退休员工待遇方案——"优秀人才留存与猎取计划"，可谓互联网企业界的大事。

根据腾讯公司的该项计划，腾讯员工工作满 15 年后，可以选择继续在公司工作，也可以选择提前退休。对于法定退休的腾讯员工，可以享受三项福利待遇：

（1）腾讯定制纪念品（虽然价值不高，但它的纪念意义很大）；

（2）可以一次性领取 6 个月的工资作为感谢金（按照 2020 年腾讯员工平均年薪 81 万元计算，40 万元的感谢金非常可观）；

（3）享受退休荣誉金，可以在服务年限金和 50% 的未解禁股票期权中选择其一。

6.6.4　创业老员工股权激励法及案例

并非所有人都甘愿打一辈子工，当员工积累了一定的资金、经验、客户资源后，可能会萌发创业的念头。从宏观上看，如果每个人都不想创业、安于当员工，那社会的发展潜力岂不是被扼杀了？从微观上看，对于想要离职创业的老员工，作为老东家的企业，究竟应该选择百般阻挠还是乐见其成，甚至助力一把呢？

聪明的企业家会在挽留无果后，让员工远走高飞。更聪明的企业家则设定创业基金鼓励员工创业，把助其创业当作一项福利和感恩计划去实施。

当然，企业家如此选择，也并不是完全在做慈善，这项股权激励福利，也很可能给企业带来丰厚的回报。企业不妨允许员工利用企业的平台、资源、渠道去创业，甚至由企业向员工提供资金支持，前提是在员工创立的企业中，企业将享有一定份额的股权（通常不会太多，在 20% 以下的居多）。企业家不应忽视这小小的股权份额，随着前员工的努力发展，它在将来带来的回报有可能超乎想象。如果一个企业家能通过这样的渠道，投资数个乃至更多的成功企业，那么其获得的将不只是现有员工的支持，更有可能是财富倍增。

国际和国内优先的企业通常会鼓励员工去创业，并为其提供支持。阿里巴巴、腾讯、华润、携程等集团公司，都有支持员工创业的传统和计划。华为早在 2000 年就规定了华为员工在入职满 2 年后就可以申请自主创业成为华为的代理商，这也为华为的多元化发展打下了基础。

谷歌公司的内部创业氛围非常浓厚，公司鼓励员工提出富有创造力的创业项目，然后让员工投票选出最具有潜力的项目，公司提供资金和技术支持。谷歌公司甚至允许员工每年运用 20% 的工作时间实践自己的创业计划。

第 7 章
股权激励实施流程及股权管理

当今，大部分企业都会考虑借助股权激励来实现经济效益的进一步提升。但在股权管理中仍存在"股份代持""股东滥用股东权利""隐性股东"等现象，给企业和社会带来负面影响。因此，优化股权结构、做好股权管理、促进企业内部协同和对股权激励实施流程进行严格追踪和监督，是推动企业发展的重要途径。

7.1 股权激励实施流程

激烈的市场竞争下，股权激励以其能够充分激发员工活力、促进企业利益增长的作用受到大部分企业的欢迎，股权激励对于企业发展的重要性不言而喻。企业想确保股权激励方案能顺利落地，就应制定科学、合理的流程，以此规范企业行为和指明方向。

7.1.1 股权激励实施的 5 个阶段

21 世纪是知识经济时代，人力要素逐渐成为生产要素的重要组成部分，并参与到企业所有者权益的创造和维护中。通过实施股权激励的"资本＋知识"的分红方式，企业可以实现留人用人、谋求长远发展的战略目标，企业高层次人才可以实现身份由被雇佣者、打工者向合伙人、所有者转变。

股权激励如何实施？实施股权激励需要哪些流程？一般而言，股权激励实施分 5 个阶段，即准备阶段、尽职调查阶段、激励方案设计阶段、激励方案实施阶段和反馈调整阶段，如图 7.1-1 所示。

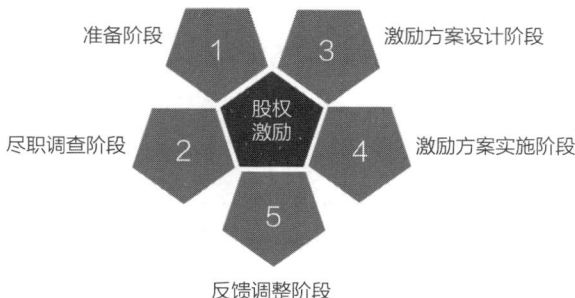

图 7.1-1　股权激励实施的 5 个阶段

（1）准备阶段。一方面，要根据企业所处行业、发展阶段、竞争格局、人力资源、激励时机，综合考虑股权激励的必要性，即明确通过股权激励要解决什么问题。另一方面，成立股权激励专业领导小组，并对拟激励核心人员做充分的访谈，了解其对股权激励的了解程度、相关诉求，以及是否愿意出资或更愿意接受哪种入股方式等。

（2）尽职调查阶段。聘请专业会计师、律师从财务和法律角度详细调查企业的合法合规性，并结合国家政策、行业发展、市场格局以及企业上下游供应链情况预判企业的发展前景，出具负责性的第三方调查报告，对发现的问题依法依规出具解决方案。

（3）激励方案设计阶段。激励方案的设计是股权激励的核心内容，通过前期的准备和尽职调查阶段，结合企业未来资本运作规划、实际控制人的想法，制定股权激励初步方案，并提交董事、主要股东讨论定稿，形成股权激励方案。

股权激励方案的核心内容，主要包括激励对象范围、股票及资金来源、股票价格及数量、业绩考核期间和考核办法、企业与激励对象之间的权利义务、退出机制等。

（4）激励方案实施阶段。股权激励方案一旦确定，即进行董事会和股东（大）会的审议表决，方案通过后在企业范围内进行公示并召开宣贯大会，由股权激励专业领导小组进行规则解释，目的是使企业全员明确知悉激励方案的规则，消除拟激励对象和其他员工的分歧，为签订相关激励协议打好基础。在激励对象签订协议并缴款后，企业进行股东名册登记并变更工商信息。

（5）反馈调整阶段。股权激励专业领导小组负责股权激励全过程的动态管理。这一阶段的主要内容是管理激励环节，以及对激励对象退出或新对象加入、本轮股权激励过程出现的问题不断进行梳理和优化，充分调动全员积极性，从而更好地服务于企业发展。

随着注册制的发展，会有更多的企业，尤其是大中型企业进行股权激励模式的改革。我国实行股权激励的企业，在数量和规模上有望进一步获得提升。

7.1.2　准备阶段的主要内容

古人云，有备则无患。准备阶段是股权实施流程中非常重要的环节，实施股权激励不可能一蹴而就，而是相对繁杂的过程，企业需要在股权激励方案开始实施前，就做好全面、完善的准备工作，以保证股权激励方案的顺利实施。

以下将股权激励实施准备阶段的内容概括为四个方面，即立项、心态调整、聘请咨询机构和成立工作机构。

（1）立项。通过综合分析，明确企业当前面临的主要问题，树立企业想要通过股权激励实现的目标。

通常而言，企业在不同发展阶段内出现的问题和目标并非固定的，而是根据发展现状和市场情况实时变化的。企业只有明确这一阶段面临的问题和想要实现的目标后，才能据此制定符合企业发展的股权激励方案。

（2）心态调整。股权激励实施的过程，是企业所有者将企业利益分给员工的过程。股权激励的主要目的是实现员工与企业之间的利益捆绑，但在此过程中，企业所有者不可避免地会让渡部分利益。对此，企业所有者必须做好心态调整，一旦决定实施股权激励方案，就应坚持不懈，不要半途而废，否则会影响员工士气和降低员工忠诚度。

（3）聘请咨询机构。根据法律法规的相关规定，企业实施股权激励应满足必要条件，即企业只有不存在一个会计年度财务会计报告和一个会计年度财务报告内部控制被注册会计师出具否定意见或无法表示意见的审计报告的情形，以及不存在其他法律法规和证监会认定的其他情形，才能实行股权激励。如何判断企业是否存在法律法规规定的不符合情形？企业需要聘请外部咨询机构，对企业进行全面、专业的调查。

（4）成立工作机构。企业需要成立能具体策划和操作股权激励事宜的工作小组，协助咨询机构，进行前期资料的梳理和准备，为咨询机构后续实行股权激励方案的策划和执行提供辅助。

7.1.3　尽职调查的主要内容

股权激励中的尽职调查，主要是企业为了吸引优秀员工入股企业，而委托具有权威资质的第三方机构对本企业进行的全面调查，目的是向拟入股员工介绍本企业的历史沿革、财务状况、发展前景，以实现股权激励的最终目的，即吸纳人才、留住人才，更好地为企业发展壮大储备人才力量。

1. 股权激励尽职调查的形式

在实操过程中，股权激励尽职调查通常利用企业管理、财务、法律方面的专业经验与专家资源，对本企业股权、财务、法律、核心技术、商业模式、上下游市场、竞争力、行业前景及地位、高管团队等方面进行详细摸底，形成独立、客观、审慎的观点，以此作为股权激励相关决策的依据。

调查时，不局限于审查本企业历史的财务状况，还侧重于审查股权激励的时间、股权激励的对象与数量、股权激励的纠纷、股权激励的取得方式和持股方式、股权激励的退出机制等。

2. 股权激励尽职调查的具体事项

股权激励的尽职调查阶段，主要包含以下四个维度的具体事项。

（1）股权激励的范围和对象。股权激励范围是尽职调查的重点，调查内容必须包含企业现行薪酬制度及绩效制度，以及其发挥的制度性作用。股权激励对象主要是管理人员、核心技术人员、有突出贡献的人员等，重点关注激励对象的基本情况，如劳动合同、保密协议、竞业限制协议的签订情况。

（2）业务尽职调查。业务尽职调查的内容有：一是要从宏观层面了解所处行业的国家政策、发展历史及现状，掌握行业的来龙去脉，判断所处行业的发展空间及趋势；二是分析行业产业链和上下游，了解行业市场格局，判断企业所处行业发展水平和竞争对手状况；三是着眼企业产品、商业模式、核心技术、产销及上下游供应商，掌握企业具体业务情况。

（3）财务尽职调查。财务尽职调查是此项工作的核心，主要围绕三张财务报表开展。通过财务尽职调查，充分了解企业的盈利能力、运营能力和偿债能力。

需要特别指出的是，资产质量无法通过财务报表呈现，调查时需要对各项资产进行核对，重点核对存货、应收账款、预付账款等项目。

（4）法律尽职调查。法律尽职调查主要从企业的基本情况、历史沿革、管理团队、业务资质、主要资产等五方面进行，以查看企业存在的法律问题以及解决办法。

7.1.4　股权激励方案设计的要点

股权激励方案的设计要点，因企业自身实际情况而异。通常情况下，股权激励方案设计的要点包括确定股权激励模式、持股形式、持股对象、持股数量、持股价格、持股时间、持股条件和确定股份和资金来源。本小节仅针对确定持股对象、确定持股数量、确定股份和资金来源、确定持股条件做简要阐述。

1. 确定持股对象

关于持股对象的选择，《上市公司股权激励管理办法》对上市公司持股对象的确定有指导性规定，即"激励对象可以包括上市公司的董事、高级管理人员、核心技术人员或者核心业务人员，以及公司认为应当激励的对公司经营业绩和未来发展有直接影响的其他员工，但不应当包括独立董事和监事"。

然而，不论企业是否上市，基于股权激励是企业吸引人才、留住人才、实现人才充分利用的较好方式，持股对象的选择，可以参考二八法则，即主要针对绩效突出、贡献突出、能够促进企业经济效益大幅度提升的 20% 员工。此外，企业也可以以工龄、职级等硬性条件确定持股对象。

2. 确定持股数量

持股数量包括总量和个量，总量是指企业拿出的用来实行股权激励的股份份额，个量是指持股对象能够获得的股权。

（1）总量的确定。关于股份份额的确定，企业应在遵守相关法律法规的前提下，根据企业股权结构和股东持股比例进行。例如，法律法规规定上市公司用于股权激励的股份份额不得超过企业股本总额的 10%。

（2）个量的确定。鉴于用于激励的股权分为实际股权和虚拟股权，其中，授予实际股权会对企业内部事务和原有股东利益产生一定影响。企业在确定个量时，应着重注意使原有股东仍对企业事务具有控制权。例如，避免激励对象持有 34%、51%、67% 的股份份额。

3. 确定股份和资金来源

为保证企业内部稳定，企业在设立初期应事先预留用于股权激励的股份。资金来源通常为激励对象自筹、工资奖金、激励基金或贷款信托等，激励对象可根据自身实际情况确定。

4. 确定持股条件

一般而言，相对于工龄长的老员工，能为企业创造更大利益的优秀员工更容易获得股权激励。然而，能力优秀者通常有更多不稳定因素，如容易跳槽、容易自主创业等。为此，企业在对此类对象实行股权激励时，需要确定持股条件，包括但不限于激励对象仅限于高层管理人员、制订阶段性股权激励方案实施计划、将股权与绩效挂钩等。激励对象只有在高质完成不同阶段的目标后，才能最终获得股权激励。

7.1.5 股权激励方案的实施

股权激励方案实施阶段是股权激励实施流程中十分重要的阶段，对股权激励的整体效果会产生决定性的影响。股权激励方案的实施往往时间长且繁杂，为使股权激励方案的实施更具有条理性，此处将股权激励方案的实施分为 5 个阶段，如图 7.1-2 所示。

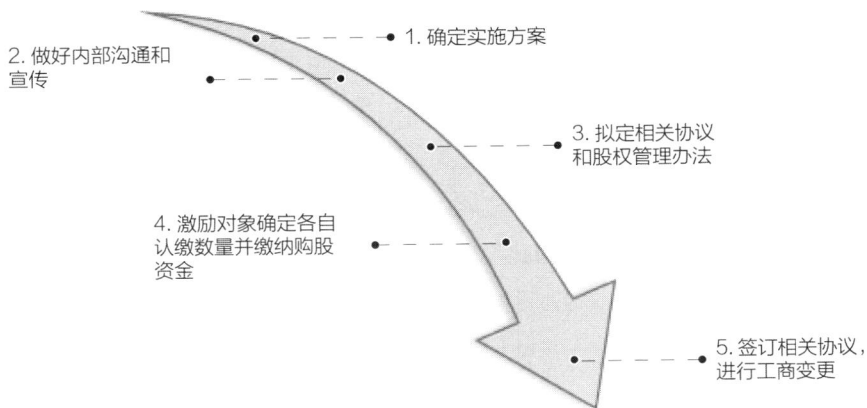

图 7.1-2 股权激励方案实施的 5 个阶段

股权激励方案的实施是循序渐进的过程，需要企业按照流程进行。

1. 确定实施方案

股权激励是一把双刃剑，在实股激励和虚拟股激励这两种方式中，确定实股激励的实施方案更为重要。这是由于实股持有者能拥有《公司法》规定的股东权利，这使实股激励有利于实现人力资源的最大化利用，而一旦操作失误，也会给企业带来难以估量的后果。为此，确定实施方案能有效避免大部分问题的发生。

值得注意的是，实施方案的确定应建立在企业的现实基础上，实施方案应具有可行性和可达性。此外，企业也可多确定几份实施方案，以应对原定方案由于某些因素无法实施。

2. 做好内部沟通和宣传

企业可以通过召开座谈会、方案宣讲、答疑等方式，在企业内部对员工进行充分沟通与宣传，提高员工积极性和参与度。

3. 拟定相关协议和股权管理办法

企业需要依据《公司法》及其他相关法律法规的规定，根据章程规定的内容，拟定相关协议和股权管理办法，从而指导激励对象依据相关规定合理行使相关权利，保证企业的顺利运营。

4. 激励对象确定各自认缴数量并缴纳购股资金

常用的激励对象确定方法为能者居之，也有一部分企业会采取全员激励。但无论采用哪种方法，认缴数量和购股资金缴纳都应在相关规定基础上，按照激励对象在过去 3～5 年内的工作绩效、工作表现和经济状况、承受力确定。

5. 签订相关协议，进行工商变更

以上 4 个阶段完成后，企业需与激励对象签订股权激励协议，规定激励对象在持股期间应享有的权利和应履行的义务，并在协议签订后的规定时间内完成工商变更。

7.1.6 反馈与调整

股权激励是一种中长期激励方式，激励时间常常以"年"为单位。然而，市场处于不断变化之中，固定不变的股权激励方案无法满足员工不断变化的激励需

求，基于此，在股权激励方案实施过程中，企业相关人员应及时观察了解企业内外部环境的变化，例如，市场动态、国家相关法律法规和企业考核方式或依据的变动，根据具体的实施效果进行具体分析，做好追踪和反馈，以评估股权激励方案的内容是否需要调整。一般而言，企业除定期观察、评估相关员工的工作绩效和工作表现，以对持股对象、持股条件和考核期进行调整外，还可以根据内外环境的变化，对激励模式、持股方式、资金来源和入股价格进行适当的调整。

1.　对激励模式的调整

目前存在且被大众所认可的股权激励模式共八种，在第 5 章股权激励八大模式中我们做了介绍。不同模式的侧重点、优点和缺点等有较大差异，企业应根据发展现状，对激励模式进行适当的调整。

2.　对持股方式的调整

激励对象持股方式分为直接持股和间接持股。直接持股即激励对象直接持有本企业的股权，是促进企业与激励对象形成利益共同体的最佳方式之一。间接持股则根据企业类型的不同可以分为两种。

（1）成立有限公司作为持股平台。由企业创始人成立一家有限公司作为持股平台，并将用于激励的股权直接转让或增资扩股到持股平台，员工通过直接持有持股平台的股权间接持有原企业的股权。

（2）成立有限合伙企业作为持股平台。由企业创始人作为普通合伙人成立一家有限合伙企业，激励对象作为有限合伙人加入有限合伙企业，从而间接持有原企业股权。除必须存在一名普通合伙人外，法律法规对有限合伙企业有限合伙人的数量、持股比例没有严格的限制。该持股方式是目前较受欢迎的一种持股方式。

持股方式并非在股权激励方案确定后就一成不变，企业可以根据自身发展和员工需求进行适当调整，以便股权激励更有效地实施。

3.　对资金来源的调整

激励对象可根据自身经济实力，与企业做好购股资金来源的协调。

4. 对入股价格的调整

一般而言，激励对象在购入股份时，企业会提供相对较低的价格，但不同时期的入股价格也应以市场股票价格为主要依据进行调整，避免入股价格过高或过低使企业和激励对象受到经济损失。

7.1.7 股权激励案例分析

泸州老窖是我国著名的白酒品牌，深受大众喜爱。随着市场经济的发展，企业经营模式逐渐完善，泸州老窖股份有限公司（以下简称"泸州老窖"）在 2006 年首次提出将实行股权激励计划，但因当时政策发生变动，未能顺利实施。直到 2010 年初，泸州老窖再次提出将实行股权激励计划，受到大众广泛关注。

1. 泸州老窖股权激励计划实施背景

随着我国城乡居民消费水平的提高，白酒行业逐渐趋向规模集中化生产，市场竞争越发激烈。而泸州老窖经过国有企业改革后，原有的企业治理结构已经无法满足其实现股东利益和企业利润最大化的目的，股权激励成为当时解决泸州老窖股东、企业利益不一致问题的好方式。尽管泸州老窖在 2006 年未能成功实行股权激励计划，但在此后 4 年内，泸州老窖在原《泸州老窖股份有限公司 2006 年股票期权激励计划（草案）》的基础上，做了 16 项修订，使股权激励计划得到进一步调整和完善，并致力于借此提高员工工作积极性，从而促进企业业绩增长。

2. 股票期权激励

在首次公布的股权激励草案中，泸州老窖拟定授予激励对象 2400 万份股票期权，具体如表 7.1-1 所示。

表 7.1-1　泸州老窖 2006 年股票期权具体内容

项目	具体内容
激励方式	股票期权
激励对象	12 名董事和高级管理人员，以及若干名骨干
激励来源	定向发行股票
行权价格	12.78 元／股

项目	具体内容
股票总量	2400 万份
股份份额	占总股本 2.85%
等待期	1 年
有效期	10 年

2010 年公布的股权激励计划，对激励对象、股票总量、等待期和有效期进行了调整。表 7.1-2 所示为泸州老窖 2010 年股票期权具体调整内容。

表 7.1-2 泸州老窖 2010 年股票期权具体调整内容

项目	具体内容
激励对象	11 名董事和高级管理人员，以及 132 名骨干
股票总量	1344 万份
股份份额	占总股本 0.96%
等待期	2 年
有效期	5 年

在两个股权激励计划中，值得注意的是，在泸州老窖得到进一步发展、股票价格高速增长的情况下，其行权价格仍为 12.78 元 / 股，引发社会争议。

3. 泸州老窖案例分析

尽管泸州老窖未能赶上《上市公司股权激励管理办法（试行）》公布带来的机遇，但也在 2010 年成功将股权激励计划落地，虽然其因较低的行权价格疑具有福利性而引发争议，但也具有激励作用，避免了企业与激励对象产生较大的利益冲突，维护了企业内部的稳定。

泸州老窖作为国企，其薪酬模式相比私企受到更严格的管控。因此，企业要想在不引起冲突的情况下实行股权激励，需要做好战略规划。企业应明确未来的目标和发展方向，保证股权激励的公平公正，为股权激励的长远实施提供保证。

7.2　股权管理关键点

股权激励属于系统工程，从准备、实施到反馈调整，需要相当长的时间，而股权又涉及持股人的切身利益，必然会引发所有员工的强烈关注，甚至成为引发矛盾的导火索。一旦股权激励实施出现偏差，就会严重影响到企业员工的信心和忠诚。在股权激励实施全过程中，加强管理成了引导股权激励良性发展的关键。

7.2.1　股权管理的三大原则

股权激励有多种模式，确定股权激励方案时也应从目的、对象、时间、载体等 10 个维度进行考虑。

股权激励涉及企业、职工、合伙人以及治理结构、管理制度、企业文化等各方面，每个企业都要实施适合自身当前情况的股权激励战略和股权管理制度。在进行股权管理的时候，要遵循三大原则，如图 7.2-1 所示。

图 7.2-1　股权管理的三大原则

（1）动态调整原则。股权激励对象的状态在调整，股权激励的模式、力度等因素也在实时调整，同样，股权管理也要跟上步伐，进行实时调整。

所谓动态调整，并非漫无目的地调整，而是要随着变化的股权激励方案进行调整，这是股权管理动态调整实时性的要求。此外，动态调整并非意味着要让股权激励方案时刻变动，否则不利于股权激励实施的稳定性，企业必须注意科学性和动态性的平衡。

（2）约束与激励并行原则。在股权激励实施过程中，管理者更多的时候是把注意力放在股权激励方案是否能提高员工积极性、是否能实现激励效果上，而忽视了对约束机制的建立。如果缺乏相应的约束机制，股权激励将很可能导致激励对象不作为的现象，甚至引发其有损企业利益的行为。

管理者应明确约束机制，让激励对象明白自身权利和义务，让权、责、利相统一。约束机制中十分重要的部分，在于明确退出机制和执行标准。为此，管理者必须在这方面下功夫，使激励对象在重视激励措施的同时，又能自觉维护激励措施的施行效果。

（3）依法合规原则。依法合规原则是股权管理的基础原则，任何违反法律规定的激励措施，最终不但无法施行，反而会受到法律的制裁。

例如《上市公司股权激励管理办法》等一系列法律法规对上市公司股权激励方案在激励模式、激励对象的选择上，授权的价格、时间、程序等方面，都做了详细规定。上市公司的股权管理方案，必须遵守这些法律法规。对非上市公司而言，亦要遵守《公司法》《劳动法》和财税相关法律法规关于股权授予的规定。任何违反法律法规规定的股权激励方案，都是无效的。

7.2.2　员工持股管理机构

企业想要做好员工的持股管理工作，首先应配备相应的管理机构。狭义的员工持股管理机构指员工持股的日常管理机构，广义的员工持股管理机构还包括股东大会、董事会和日常辅助机构等。

1. 股东大会和董事会

员工持股计划作为企业的重大激励和约束机制，其提出和制定的权限属于企业董事会。员工持股计划涉及企业增资和股权转让等重大事项，这属于股东大会的职权范围。因此企业员工持股计划的内部决策机构为企业的股东大会和董事会，董事会负责提出和制订具体的员工持股计划等，股东大会负责最终审议通过并批准实行。

国有企业中，因员工持股计划涉及职工的重大利益，还需要职工代表大会通过作为前置程序。国有企业的员工持股计划经股东大会批准后，需要履行相应的国资监管程序。对此，诸如《关于国有控股混合所有制企业开展员工持股试点的意见》等相关政策有详细规定。

2. 日常管理机构

由于持股方式和模式的不同，日常的管理机构也有所区别，实践中常见的几种持股方式，对应的日常管理机构如下。

（1）员工直接持股。企业采取实股激励方式授予员工股权的，如果直接持股员工人数不多，员工可以自行管理股权，也可以通过持股员工会议等形式选出持股员工代表，再通过委托投票或者一致行动协议等方式，授权持股员工代表行使股东权利并负责日常的持股管理。如果企业的持股员工众多，可以通过会议选出代表组成持股管理委员会，负责日常的管理事项。

（2）员工通过持股平台间接持股。如果企业以有限公司作为持股平台，员工间接持股，有限公司本身就是员工持股的管理机构，代表股东行使在目标企业的股东权利。持股员工可以通过选举产生持股平台公司的董事会、监事会，聘任总经理等措施完善公司的治理结构，管理好员工的持股。

如果员工通过有限合伙企业间接持股，有限合伙企业就是员工持股的管理机构，具体由执行合伙人或者执行合伙人会议来履行相应的管理职责。

（3）员工通过资产管理计划持股。我国的很多上市公司都通过该方式进行员工持股，即将员工持股计划交由专门的资产管理公司管理，企业认购资产管理公司的定向资产管理计划（该计划的投资范围只能是企业股份）。

在这种模式下，由全体持股员工组成的持有人会议，是员工持股的权力机构，并由持有人会议产生的管理委员会作为常设机构，负责召集持有人会议、监督员工持股计划的日常运营管理等。

3. 辅助机构

企业员工持股的管理，还需要人力资源部门、会计和审计部门、绩效考核部门等部门的辅助，提供人力资源和数据支持，并以这些部门产生的绩效考评结果作为股权授予的重要依据。

7.2.3　授予股权的资格条件

所谓授予股权的资格条件，即达到何种条件可以授予激励对象股权，通常指的是两方面的资格条件：一是授予企业的主体资格，二是授予对象的资格条件。在前文中已经有所介绍，这里不再解释。

1. 授予企业的主体资格

对非上市企业来说，在股权授予资格方面并没有太多限制，非上市企业可以根据企业自治的原则依法进行股权授予。

由于上市企业涉及公众利益，法律对授予企业的主体资格有额外规定。如果上市企业具有下列情形，即丧失了相应的激励股权授予主体资格。

（1）最近一个会计年度的财务会计报告被注册会计师出具否定意见或者无法表示意见的审计报告。

（2）最近一年内因重大违法违规行为被证监会予以行政处罚。

（3）证监会认定的不能实行股权激励计划的其他情形。

上述情况出现，意味着上市企业丧失了授予股权激励的主体资格，自然也就谈不上给激励对象授予股权了。

2. 授予对象的资格条件

同样的，非上市企业可以自主决定对达到何种条件的激励对象授予股权。上市企业的激励对象出现以下任一情形即丧失获受股权激励的资格。

（1）最近 3 年内被交易所公开谴责或宣布为不适当人选的。

（2）最近 3 年内因重大违法违规行为被证监会予以行政处罚的。

（3）具有《公司法》规定的不得担任公司董事、监事、高级管理人员情形的。

此外，除了法定的获受资格限制外，企业对拟激励对象还普遍附加任职条件、业绩条件等。这些条件企业可以根据自身发展需要，具体情况具体分析后制定。

7.2.4 股权认购办法和入股价格

股权认购，是指企业在与员工协商达成一致后，与员工签订股权认购协议书作为凭证，承诺在将来一定时间内允许员工以一定的价格购买企业的股权。这也属于对员工的股权激励，通常而言，股权认购的价格和出资方式相对灵活。

1. 股权认购的相关规定及流程

股权认购一般发生在企业成立时和增发股份时，以企业设立时的股权认购为例，其分为设立认购和募集认购两种方式。

（1）设立认购。企业设立时的发起人必须认购全部发行股份，不得另向社会进行募集，发起人认购的股份数经认购确认书确认后，发起人应当按期足额缴纳认购款，一般不能分期缴纳。购股款可用现金支付，也可采用法律规定的其他财产出资方式。

（2）募集认购。企业设立时的发起人只认购企业应发行股份的部分，其余则向社会公开募集，但根据《公司法》的规定，发起人认购的股份不得少于企业应发行股份的35%。向社会募集股份应当制作招股说明书，载明企业名称、设立目的、企业发行股份总额及每股价格、募集的股份数、募足的期限等。

股权认购一般按照从申请、出资到登记等程序进行。图7.2-2所示为股权认购的流程。

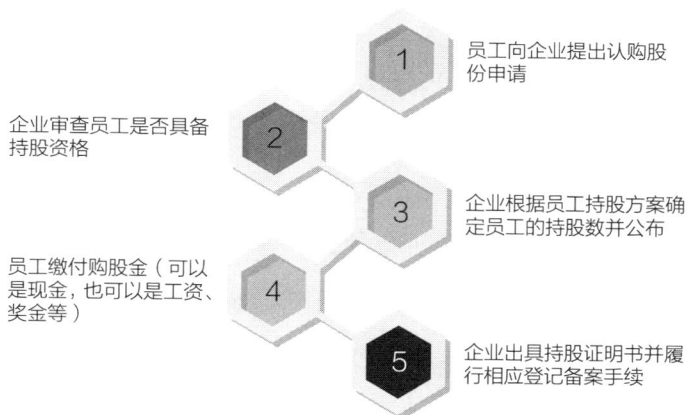

图 7.2-2　股权认购的流程

　　股权认购的出资方式比较灵活，企业可以规定以奖金、分红等来折抵购股金。

2. 股权认购价格的确定

　　股权认购中的价格确定方式，往往容易引发争议，在实际操作中也容易产生矛盾。上市企业的股权认购价格以相应的股票价格作为参考。而针对非上市企业（不包括国有企业，国有企业的股权认购价格涉及国有资产，通常有限制性规定），法律并未对其普通股转让的价格做限制性规定。

　　实践中，通常有以下几种确定股权认购价格的办法。

　　（1）由企业与认购员工协商确定股权认购价格。

　　（2）以注册资本为依据确定股权认购价格。

　　（3）以企业净资产为标准确定股权认购价格。

　　（4）以第三方评估价作为股权认购价格。

　　（5）以拍卖、变卖同类企业的股票的价格确定股权认购价格。

7.2.5　持股员工的权利与义务

　　股权激励，核心内容是对持股员工权利义务的分配。在股权激励模式中，持股员工都拥有分红权，但正因模式不同，持股员工的权利义务也不完全相同。

1. 持股员工的四大权利

根据我国法律的规定，企业的股东享有资产收益权、重大决策参与权、知情权、召集会议权、代为诉讼权、股东身份权等。其中，核心的是重大决策参与权和资产收益权，而资产收益权又可分为分红权、增值权和剩余财产分配权，这四种权利，合称为持股员工的四大权利，如图7.2-3所示。

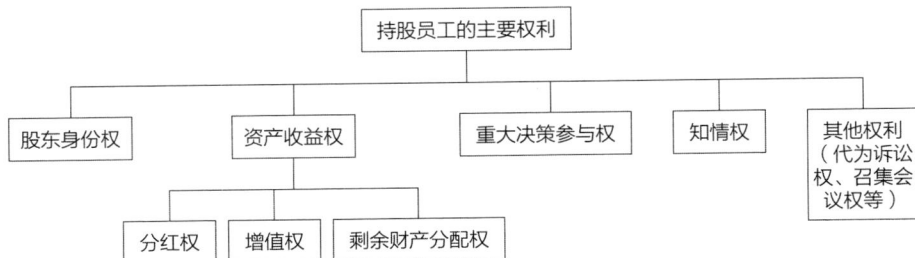

图 7.2-3 持股员工的权利

持股员工的权利在不同股权激励模式下有着很大的区别。

（1）重大决策参与权。实股激励模式下，持股员工依法取得企业的股东身份，享有股东的全部权利，在股东大会中具有表决权，依法可以参与企业的重大经营决策。采取期股激励模式的，激励对象认购完全部股权后即享有所有者的权益，在此之前只享有分红权和受限制的表决权（企业也可就此权利另行约定）。而在虚拟股权激励模式下，持股员工持有的实际上只是一种分红凭证，自然也就谈不上享有表决权等所有者权益。

（2）分红权。分红权即企业利润分配权，是股东财产权的重要组成部分。在各类股权激励模式中，分红权是持股员工最为关心的权益。因此，各类激励模式都围绕着分红权展开，分红权是各种持股模式下的持股员工基本权利。

（3）增值权。持股员工为实现股权的增值权，必须通过处分的方式获得，即必须在转让和卖出股权后才能实现增值权。因此，在实股激励模式中，持股员工取得股权后，在没有其他限制的前提下，员工可依法转让股权。在虚拟股权激励模式下，持股员工应通过申请回购或离职回购实现股权的增值权。

（4）剩余财产分配权。该项权利是在企业清算之后股东享有的权利。根据公司法的规定，企业破产清算时，剩余财产首先支付清算费用、职工工资、社会保险费和法定补偿金，再缴纳所欠税款，然后清偿企业债务，若还有剩余财产，持股员工按照出资比例或者持股比例分配。

2. 持股员工的义务

持股员工主要有两大义务，一是出资义务，二是忠实义务。

出资义务是出资购买股份的义务，出资的方式可以是现金，也可以是分红、绩效等，甚至可以是企业无偿借款。是否出资是员工持股与企业利润分享的主要区别。相较于出资购买，利润分享一般是企业无偿奖励股份给员工。

忠实义务是持股员工的附随义务。在实施股权激励时，企业会要求员工履行一定忠实义务，比如不得损害企业利益、在一定期限内不得离职等。

7.2.6　股权转让、中止和取消的条件及方式

在股权激励过程中，企业对于员工获受股权的转让，一般有一定的限制。企业通常要求，在未能完全取得股权的所有权前，持股员工不得对自己的股份进行转让、赠予。即便在虚拟股权激励模式中，对股权的继承也是有限制的，持股员工持有的虚拟股权不得作为遗产被继承，但虚拟股权的经济利益可以作为持股员工的遗产被继承。

股权授予的中止和取消，通常在持股员工触发股权激励的退出机制时发生。常见的退出事项包括辞职、离职、死亡、丧失行为能力等。此外，当持股员工存在损害企业利益行为的时候，也会引起股权授予的中止或取消。

上市企业的股权激励授予对象出现下列情形时，丧失参与股权激励的资格，已获受但尚未行权的期权不得行权，包括：最近 12 个月内被证交所、证监会及其派出机构认定为不适当人选；最近 12 个月内因重大违法违规行为被证监会及其派出机构行政处罚或者采取市场禁入措施；具有《公司法》规定的不得担任公司董事、高级管理人员情形的；法律法规规定不得参与上市公司股权激励的；证监会认定的其他情形。

一般而言，股权激励退出（包括中止、取消）的方式，通常有 3 种。

（1）直接退出。这种方式适合采用期权和代持股方式对员工开展股权激励的企业。在这两种模式下，股权并没有真正授予员工。所以，当员工出现离职等情形时，企业可以直接收回对员工的期权或者解除代持股关系。这种退出方式比较简单直接。

（2）企业回购。当持股员工出现股权激励退出情形时，企业以一定的价格对持股员工的股权进行回购。这种方式虽然可能会加重企业的财务负担，但对员工的激励效果明显，被采取股权激励模式的企业普遍采用。

（3）员工转让。持股员工将持有的股权转让给其他人，但这种转让涉及股东的变动，对企业的人合性也是一种挑战。

第 8 章
合伙人模式及合伙十规则

电影《中国合伙人》讲述了三个有理想、有抱负的年轻人一起合伙创业追逐梦想的故事。最开始，三个富有才华的年轻人因为同样的追求而成为"合伙人"，共同打拼，当企业规模变大的时候，三个人又因为各种分歧差点分道扬镳。虽然电影的结局是美好的，即三个合伙人再次为了共同的目标聚到一起，但在现实中，合伙人合伙创业的结局却并不都是圆满的。因此，创始人在选择合伙人模式创业的时候，一定要弄清楚什么是合伙人模式和合伙的规则。

8.1 合伙人模式

合伙人模式最大限度地发挥了"人合性"的特点,将各种资源整合在一起,通过共创、共治、共享的激励分享机制,促进企业的发展壮大。

8.1.1 什么是合伙人

在法律上,合伙人通常是指以其资产进行合伙投资组成合伙企业,共同参与合伙经营,依照合伙协议享受权利、承担义务,并对合伙企业的债务承担无限责任的自然人或法人。合伙人对企业债务承担无限责任。

以上所说的是普通合伙人,如果是有限合伙人,则有一些差别。所谓有限合伙人,是参与投资的企业或金融保险机构等机构投资人和个人投资人,或经其他合伙人一致同意依法转为有限合伙人的,被依法认定为无民事行为能力或限制民事行为能力人的合伙人,这类合伙人只承担有限责任。

1. 合伙企业的概念及设立条件

合伙企业,是由合伙人投资组成的企业,分为普通合伙企业和有限合伙企业两种。普通合伙企业由普通合伙人组成,所有合伙人均对企业的债务承担无限连带责任。有限合伙企业由普通合伙人和有限合伙人组成,普通合伙人对企业债务承担无限连带责任,有限合伙人以其出资额为限承担责任。

创办有限合伙企业需要满足以下条件。

(1)合伙人数量不少于两人不多于五十人,且至少有一个合伙人为普通合伙人。

(2)有书面合伙协议。

(3)有合伙人实际缴付的出资。

（4）有合伙企业的名称（普通合伙企业需标明"普通合伙"，有限合伙企业需标明"有限合伙"）。

（5）有生产经营场所及其他从事合伙经营的必要条件。

当然，如果是特殊合伙企业，除了满足以上条件外，为客户提供专业知识和专业技能有偿服务的专业服务机构，可设立为特殊合伙企业。

2.　合伙人的 5 个特征

共同创业、共同治理、共有财产、共担责任、共享利益是合伙人的基本特征。

（1）共同创业。合伙人依据合伙协议约定成立合伙企业，因此合伙协议是约定合伙人之间权责的基本依据。合伙人因为相同目标而组合，合伙协议就是合伙人共同创业的行动指南。当然，合伙人的入伙、退伙条件等也可依法由合伙协议约定，合伙企业的组立和解散相对较为容易。

（2）共同治理。合伙企业的经营活动，由全体合伙人共同决定（有限合伙人一般不参与企业经营），因此，合伙企业的每位合伙人都有互相代理合伙企业事务的权利，合伙人为合伙事务对外做出的意思表示所产生的后果，由合伙企业负担，对其他合伙人都具有约束力。同样，每个合伙人对和合伙企业有关的事务和其他合伙人的行为都具有监督权。

（3）共有财产。合伙人对合伙企业的出资视为合伙企业的财产，由全体合伙人统一管理和使用，任何合伙人不得将合伙财产挪作他用或者据为己有。另外，劳务也可以作为合伙人出资的一种特殊方式，合伙人以劳务出资的可以分享企业的利润。

（4）共担责任。与有限责任公司不同，普通合伙企业的合伙人以其个人资产对企业的债务承担无限连带责任。合伙人之间关于负担企业债务的约定，不能约束合伙企业的债权人。

甲、乙、丙各出资 100 万元成立一个合伙企业。如果企业破产时对外负债 3000 万元，甲、乙、丙三人需要以自己的财产对该债务承担无限连带责任。即便三人约定按照出资比例分担责任，该约定也不对企业的债权人产生约束力。假设甲按照比例偿还了 1000 万元的债务，其对剩余的 2000 万元债务依然承担连带偿还责任。当然，甲在承担责任之后可以依照约定向乙、丙追偿。

（5）共享利益。合伙企业在生产经营活动中所取得和积累的财产，归全体合伙人所有。对利益的分配原则应当在合伙协议中予以约定。没有约定或者约定不明确的，一般按照出资比例分配。

8.1.2　合伙人与股东的区别

合伙人与股东在法律适用、出资方式、责任承担方式、退出方式、竞业禁止限制，以及企业经营管理权的行使方式等方面都具有巨大的差别。

（1）法律适用不同。合伙人是依照《中华人民共和国合伙企业法》成立的普通合伙企业和有限合伙企业两种非法人组织的投资人。

股东是依照《中华人民共和国公司法》成立的有限责任公司和股份有限公司两种具有独立法人资格的组织的投资人，这两种类型的企业必须设置股东名册并进行登记备案。因此，合伙人受《中华人民共和国合伙企业法》约束，而股东受《中华人民共和国公司法》约束。

（2）出资方式不同。合伙人与股东均可以用货币出资，也可以用实物、知识产权、土地使用权等，可以用货币估价并可以依法转让的非货币性财产作价出资，此外，普通合伙人还可以用劳务出资，而股东不可以以劳务出资。

（3）责任承担方式不同。合伙企业不具有独立法人资格，也就不具有独立的责任能力，普通合伙人对合伙企业的债务承担无限连带责任。有限责任公司或者股份有限公司都具备独立法人资格，可以用公司名义对外独立承担责任，股东只在出资额范围内承担有限责任。这是合伙人与股东之间十分明显的区别。

（4）退出方式不同。合伙企业是典型的人合性企业，合伙人退出或新合伙人加入时，必须取得全体合伙人的同意，并重新签订合伙协议。

有限责任公司和股份有限公司是合资公司，除非公司章程有特别约定，其股东可以通过转让股权或者让公司回购股权的方式丧失股东身份。

（5）竞业禁止限制不同。在合伙企业中，绝对禁止合伙人自营或者同他人合作经营与本企业相竞争的业务，即便合伙人协议有约定也不允许。

在有限责任公司或股份有限公司中，如果公司章程没有相关竞业禁止规定，法律即尊重公司的"意思自治"原则。如果公司章程有例外性约定，从公司章程约定。因此，对股东的竞业禁止限制是相对的。

（6）企业经营管理权的行使方式不同。合伙人共同管理合伙企业经营事务，除有限合伙人一般不参与经营的特殊规定外，普通合伙人可以作为企业事务的执行人，也可以委托其他合伙人代为行使企业管理权。

股东行使管理权是通过公司的治理机构来实现的，主要是股东（大）会。

表 8.1-1 所示为合伙人与股东的区别。

表 8.1-1 合伙人与股东的区别

项目	合伙人	股东
法律适用	《中华人民共和国合伙企业法》	《中华人民共和国公司法》
出资方式	普通合伙人可以用劳务出资	不能以劳务出资
责任承担方式	普通合伙人承担无限连带责任	以出资额为限承担有限责任
退出方式	全体合伙人同意	股权转让
竞业禁止限制	绝对的	相对的
企业经营管理权的行使方式	共同行使	通过股东（大）会行使

正因为合伙人与股东在法律适用、责任承担方式等方面有着较大差异，在选用组织架构形式时，企业都应根据自身需要权衡利弊后再决定。当然，股东与合伙人也并非完全对立的，合伙人可通过获得股权变为股东，二者并不存在"有你无我"的冲突。

8.1.3 哪些企业适用合伙人模式

合伙人模式的最大优势，在于能充分发挥人力资源优势，最大限度激活企业经营管理活力，同时也能保持企业治理结构的稳定。当然，也并非所有的企业都适合合伙人模式。企业要根据自身所处行业类型、发展阶段等具体因素，选择是否使用合伙人模式。

一般来说，合伙人模式适合下面几种类型的企业。

（1）技术密集型企业。彼得·德鲁克有一个著名的论断：在知识社会中，传统的领导者和下属的关系将会消失。其中领导者和下属的关系就是指传统的雇佣与被雇佣的关系。

在技术密集型企业中，人们更加注重知识的力量，雇佣关系则倾向于转为新型的合伙关系。技术密集型企业需要以创新来推动企业的发展，而合伙人模式则能有效协调资本与知识之间的关系。企业创始人可通过与核心技术人员建立利益与共的合伙关系，让资本和知识共同参与企业剩余价值的创造与分配，合力促进企业快速发展。

（2）初创企业、战略转型企业。初创企业处于起步阶段，面临着资金短缺、技术匮乏、市场资源稀少等困境。此时，采用合伙人模式能最大限度地利用合伙人的资金实力和社交关系资源，为企业的发展夯实基础。

处于战略转型期的企业，面临着外部竞争压力加大、内部治理危机爆发等矛盾，亟须稳定军心。同时，转型也意味着进行人事制度改革和组织机构调整，可能触及很大一部分员工的利益，合伙人模式的应用能够使企业取得普通员工和管理层的信任，顺利推进转型。

（3）轻资产模式的企业。轻资产，是相对传统的厂房、设备等占用大量资金的重资产而言的，主要是指知识产权、品牌文化、商誉、管理经验等无形资产。这些无形资产能够以相对较小的资金占用率，创造出更多的利润。

从统计的数据来看，轻资产模式的企业往往能建立良好的管理系统，并以此为基础进行产品的设计开发和市场推广。轻资产模式的企业的入股价格较低，每股的收益较高，特别是互联网类型的轻资产模式的企业，每股收益率很高，因此轻资产模式的企业更容易吸引合伙人的加入。

（4）控制权稳定的企业。合伙人之间利益的一致性是企业稳定的基石。如果股权结构较为分散，达不到稳定控制企业的地步，那么就难以形成有效的决策和执行力。对此类企业，即便引进合伙人模式，也无法解决企业的痼疾，甚至会产生新的矛盾。因此，控制权稳定的企业，才有实施合伙人模式的良好基础。

例如，虽然万科集团的股权架构较为分散，但管理层的股权却相对集中，很好地实现了企业的控制，因此万科集团的合伙人持股计划能顺利实施。

8.2　合伙十规则

合伙人模式设计对于企业发展来说至关重要，不少企业家有着出众的管理能力，但在设计合伙人模式的时候却考虑不周，顾此失彼，不但没有促进企业的发展，反而还留下了很多隐患，导致企业陷入危机。

在入伙、利益分配和退出等三个主要环节，一共有十大合伙规则，这十大规则，对合伙人模式设计至关重要。

8.2.1　入伙三规则

合伙，从字面意思来看，就是要合在一起成为一伙，因此，创始人必须选择志同道合的合伙人组成团队。如果入伙的门槛没有设定好，引进的合伙人良莠不齐，就很难达到"人心齐，泰山移"的效果。所以，制定入伙的规则非常重要。

1. 选择规则：选择合伙人的标准和工具

合伙人，如按来源区分，可分为外部合伙人和内部合伙人；如按职能需求区分，可以分为事业合伙人、资金合伙人、管理合伙人、产品合伙人等。

企业在不同的阶段，选择的合伙人类型和选择标准也是不一样的。

（1）创业期的企业，对合伙人的要求较高，不论是资金实力要求还是个人能力要求都较高。合伙人同时还要具备创新的创业精神。另外，创业期企业的合伙人必须在企业的发展理念上高度一致，在经验、能力等方面能形成互补，这样合伙人既能取长补短也能独当一面。

（2）发展期的企业已经相对成熟，创始人要充分考察合伙人的各方面能力。一般从思想意识等六个方面制定考察标准，如图 8.2-1 所示。

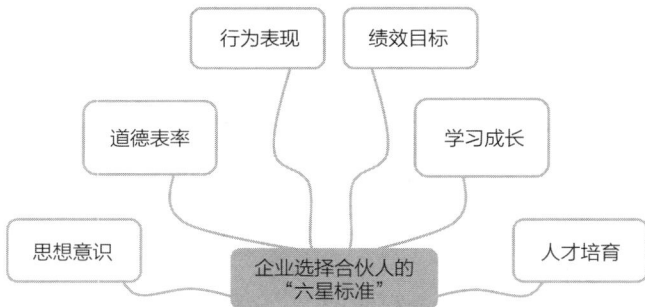

图 8.2-1　企业选择合伙人的"六星标准"

企业应以上述标准为基础，制定量化的考核细则，建立可操作性强的评价模型，最大限度降低合伙人选择的盲目性。

2. 参与规则：合伙人参与项目的方式

选择合伙人模式，目的在于实现资源互补。根据企业需要，围绕合伙人的"钱""力"资源，合伙人可以有以下参与项目的方式。

（1）出钱又出力。此类合伙人为企业提供资金，又参与企业经营管理，一般在企业担任比较重要的角色。

（2）出钱不出力。天使投资人、风险投资人等，一般都采用此类方式，即不直接参与企业的经营管理，通过为企业投资分享其收益。

（3）出力不出钱。此类合伙人凭借出色的管理能力或者先进的经验等，带领企业不断成长。

企业间的竞争，不但是产品之间的竞争，更是管理水平的竞争，具有先进管理经验和能力的人，可以通过合伙模式享受企业发展的红利并承担相应的责任，如企业的 CEO、职业经理人等。

互联网时代的发展，让此类合伙人有了更大的用武之地，比如短视频直播行业，一个具有特殊才能的"网红"甚至能养活一个企业。

3. 出资规则：出资的三种类型

根据相关法律规定，合伙人可以以货币出资，可以用知识产权、土地使用权等其他财产权利出资，也可以用劳务出资。

图 8.2-2 所示为合伙人出资的三种类型。

图 8.2-2　合伙人出资的三种类型

现实中，除上述法律规定的三种类型外，合伙人出资的内涵和方式多样，企业具有很强的自主性，可以根据发展需要，设计不同的出资规则和方式，以实现融资、激励等目标。

8.2.2　利益分配四规则

对合伙人来说，最关心的事之一就是利益分配了，"天下熙熙皆为利来，天下攘攘皆为利往"，不合理的利益分配规则极可能导致合伙基础的分崩离析。

1. 办事规则

合伙人在谈及利益分配规则之前，首先应明确合伙人参与的岗位定位以及权、责、利的划分。根据企业规模、性质等的不同，同样采用合伙人模式的企业，制定的办事规则可能不尽相同，但无论如何，要在合伙协议中明确职权，防止合伙人以后出现越权、滥权或者不尽职的现象。

2. 决策规则

决策规则，需要解决企业中究竟谁说了算的问题。尽管合伙人模式有利于调动合伙人参与企业事务的积极性，但也存在隐患，即决策权问题。如果企业内没有人说了算，就会面临无法决策的风险；如果所有人都说了算，那么实际上也是谁说了都不算。

企业在设计和建立合伙人模式时，必须明确运行规则，约定企业经营和决策过程中审批与决定权的分配。

根据企业事项重要程度，可以按以下原则设计决策规则。

（1）企业重大事项"大家说了算"，即由企业所有者通过股东（大）会进行表决。

（2）企业运营的一般事项"代表说了算"，即由董事、董事会享有决策权。

（3）日常运营的琐碎事项由"一人说了算"，即由任命的总经理、经理说了算。这类事项繁多且讲究时效性，如果交由股东讨论后再决定，现实中无法实现且会浪费大量资源。

3. 账务规则

俗话说"亲兄弟明算账"。合伙人入伙都是为了获取利益，如果企业账目混乱，到最后就会引发合伙人的信任危机，甚至诉诸法律。任何企业的有序运营都离不开科学完整合理的账务规则。

完备的账务规则，必须遵循合法合规、公开透明、相互监督的原则。企业账务分工要明确，聘请专业人士进行账务记录和核算。企业每笔开支都要依据会计准则进行记账，对资金的使用进行有效监管。

实际操作中，制定账务规则是一项复杂的工程，但法律法规和会计准则都有相关规定。企业只要牢牢守着法律的底线，明确分工、加强监管，就能基本保证企业的财务健康。

4. 分配规则

共患难易而共富贵难。现实中合伙人的很多矛盾最终都归结到"钱"如何分配上，例如，"人力股"和"资源股"怎么分红，"老人"（原合伙人）和"新人"（后入伙的合伙人）间如何分配利润，具体要分哪些钱，亏损了是否能兜底等问题都会导致内部矛盾的出现或放大。

如果合伙企业无法解决分配难题，就很难化解合伙人之间的利益冲突。因此，在引进合伙人模式之前就要制定好分配规则。

常见的分配规则有以下几种。

（1）增量分配模式。增量分配模式分的是企业赚来的钱，当企业达到一定的业绩目标后，合伙人按照协议的约定进行分红。

（2）考核分配模式。企业可以设定一定的绩效目标和递进式的考核分配系数，根据业绩所达到的档次来决定合伙人的分红。

（3）兜底分配模式。企业业绩受到多方面因素的影响，一旦决策失误或者行业大环境恶化，企业就有可能很难达到预设的绩效目标。此时如果不分红，可能会打击合伙人的积极性。当出现此种情况时，可以由企业等拿出一定的资金来分红。

（4）差异分配模式。由于合伙人的资历、资源、经验、才能、贡献等各不相同，所形成的分配利益也要有所差异，这种"同股不同利"的合伙人利益分配模式也很普遍。采用这种模式，也能有效达到激励目标。

8.2.3　退出三规则

天下无不散之筵席，合伙人为了相同的目标而聚合在一起，但企业在发展过程中总会遇到各种各样的问题，企业的发展也可能会偏离合伙人的初衷导致合伙人不得不退出。为了退出之时尽量减少纠纷，设计合理的退出规则就成为必要的步骤。

1. 罢免规则

当合伙人做出损害企业利益或者严重破坏合伙人合作关系的行为时，企业要及时止损，通过罢免程序让不合适的合伙人尽早退伙，由于罢免程序事关重大，设计罢免程序要慎重，更要充分考虑合伙人权益和救济途径。

（1）充分沟通确定问题能否解决。如果通过绩效考评、员工评价等反馈机制发现合伙人不适应企业发展需要，企业应该充分利用董事会、监事会等渠道与合伙人进行沟通，找出问题症结所在，明确问题是出在企业身上还是出在合伙人身上，并一起研究相应的问题解决方案。人才难得，不能轻易放手。

（2）建立竞选机制。为了激发合伙人的工作激情，企业可以引入竞选机制，比如二到三年进行一次重要岗位竞选和轮值，综合合伙人的岗位职责、业绩表现等因素，评选出更合适的人选，充分发挥鲶鱼效应。

（3）设置罢免委员会。对于经多渠道考核，仍不适应企业发展需要的合伙人，应当经弹劾程序予以罢免。具体的弹劾程序在合伙时就应明确设置，一旦合伙人触发弹劾条件，经由罢免委员会按照程序严格履职。

为确保罢免委员会的权威，企业通常将罢免委员会设置为直接对股东（大）会负责。

2. 退出规则

某位重要合伙人的突然退出，会给企业带来意想不到的损失，因此制定退出规则就显得很有必要。

退出规则的制定，要把握以下几个关键点。

（1）合伙人的退出要与一定的服务年限挂钩。

（2）合伙人未达到服务年限就退出的，折价收购其股权或者设定违约金。

（3）合伙人去世的，其财产权益可被继承，但股东身份不能被继承。

（4）合伙人离婚分割财产的不能主张对企业事务的管理权。

合伙人发生其他诸如犯罪、丧失行为能力等突发情况的，合伙人的股权由其他合伙人购买或者由企业回购等。

3. 散伙规则

虽然大家都希望企业能够做成传承数百年的优秀企业，但现实中存在各种导致企业散伙的因素。合伙企业散伙，必然涉及企业财产分割或企业债务分担的问题。因此，企业必须设计完善的散伙规则，避免企业解散时出现纠纷。

《中华人民共和国合伙企业法》规定的散伙理由包括：合伙期满，合伙人决定不再经营；约定的解散事由出现；全体合伙人决定解散；合伙人已不具备法定人数满三十天；合伙协议约定的合伙目的已经实现或者无法实现；企业被吊销营业执照、责令关闭或者被撤销；法律、法规规定的其他原因。

第 9 章
合伙人分类及合伙人方案设计

在当下的市场经济社会中，企业是最主要的市场参与主体，股权制度又是企业最主要的组织架构模式。几乎每个成熟的企业，都有一套完整的股权制度。但在实际发展过程中，企业也会发现股权制度并不能解决所有的发展问题，尤其是当企业进入战略转型等瓶颈期时，尽管企业家尝试对股权制度进行多种改革，最终也可能难以收到成效。此时，合伙人模式以其独特的优势能给企业的发展带来契机。做好合伙人方案设计就显得尤为重要。

9.1 合伙人分类

通常情况下，合伙人可分为事业合伙人、股东合伙人和生态链合伙人 3 类，
每种类型的合伙人又可以进行细分。图 9.1-1 所示为合伙人的 3 种类型。

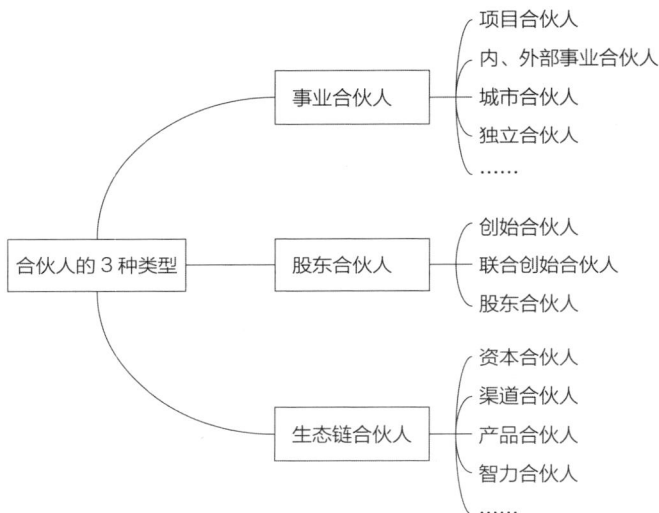

```
                                           项目合伙人
                                           内、外部事业合伙人
                          事业合伙人        城市合伙人
                                           独立合伙人
                                           ……

                                           创始合伙人
合伙人的 3 种类型          股东合伙人        联合创始合伙人
                                           股东合伙人

                                           资本合伙人
                                           渠道合伙人
                          生态链合伙人      产品合伙人
                                           智力合伙人
                                           ……
```

图 9.1-1　合伙人的 3 种类型

9.1.1 股东合伙人

合伙人投资并拥有企业的股份，事实上成为企业的股东，参与企业的决策经
营，并承担企业的经营风险、享受企业的分红，此类合伙人被称为股东合伙人。

股东合伙人是合伙企业创设的基础，掌握着企业的所有权和经营权，是主要
的合伙人。

股东合伙人常见于创业企业，创业时共同出资、共同经营的合伙人，主要包

括创始合伙人、联合创始合伙人、股东合伙人。后期随着企业发展，也可能陆续有股东合伙人通过投资或者投入其他资源的方式参与。

股东合伙人拥有的是企业真实的股份，因此企业能很好地运用股权手段加以激励。通过实股与虚拟股、人力股与资金股"同股不同利"的差异化设计，充分发挥资源要素在企业发展中的积极作用。

9.1.2　事业合伙人

经济运行中，常见的律师事务所、会计师事务所，采用的是典型的事业合伙人模式。近年来，事业合伙人模式广泛地被一些大型企业引用，如万科、阿里巴巴、小米、华为等企业。

事业合伙人又可细分为项目合伙人，内、外部事业合伙人，城市合伙人，独立合伙人等。根据表现形式，事业合伙人模式可以分为以下 7 种类型。

（1）跟投型。万科是跟投型事业合伙人模式的典型代表，公司总部发起创业项目并领衔投资，同时该项目的核心团队和员工根据不同的级别享受不同的投资额度。一般员工出资比例控制在 5% 左右，这些跟投的员工就成为合伙人。这种模式属于临时合伙，项目结束之后，合伙也就随着项目公司的解散而结束。

（2）干股分红型。企业的创始人团队或者控股股东预留部分股份分红权益（俗称干股），给予企业的核心技术人员、管理人才、销售人才等，并冠以"合伙人"的名义。这一模式实质上是股权分红的激励模式。

（3）实股奖励型。不同于干股分红型，实股奖励型是创始人和大股东将一定的股权份额放入股权池，协商以一定的价格和条件转让给核心员工，让其成为合伙人，如其离职则收回股份和"合伙人"身份。

（4）连锁加盟型。常见的如教育集团、地产中介机构、餐饮店等都采用这种模式，即将连锁门店的店长列为企业的合伙人，为该部分人群提供虚拟股、创业基金，将其与企业的利益进行捆绑。

（5）资源平台型。企业提供创业平台和资金、品牌支持，统一运营战略，将企业的产品部、事业部等进行合伙制改造，将参与进来的创业者纳入合伙人的范围，激励其与企业共进退。

（6）销售渠道型。该模式是区域代理制的改造升级，变区域销售经理为企业的区域合伙人。区域合伙人在一定程度上参与企业的经营管理和利润分配。这一模式有助于销售人才在企业平台范围内进行创业。

（7）全员合伙型。该模式下，员工不用出资或出少量资本，但必须贡献智力和劳动，企业制定考核体系对员工进行系统的评分，并根据评分确定合伙人的级别，不同的级别对应不同层次的奖励。华为正是依靠全员合伙型模式，激发了员工的创造性和激情，让员工共享企业发展红利。

9.1.3 生态链合伙人

生态链合伙人模式注重产业生态的组合和重整，将生产商、供应商、经销商、客户等上下游参与者，联结为休戚相关的合伙人。生态链合伙人并不是本企业的员工，不参与企业的日常经营管理，只是根据持有的股权份额参与利益的分配。因此，从某种程度上来说，生态链合伙人跟外部合伙人有共通之处。

与其他的合伙人模式相比，生态链合伙人模式更具开放性，它打破了以往企业内部纵向决策、横向联系的格局，通过构建支撑平台，让合伙人在平台上组建业务团队、自主决策、自负盈亏。由此，企业的角色实现了向支持者和辅助者的转变，主要提供技术、生产资料、人力资源支持。在此基础上，合伙人能拥有充分的决策权，并分享项目收益，因此参与的积极性更高。

9.2 合伙人方案设计

全民创业已经形成浪潮，合伙人模式，能很好地解决创业所需的资金、技术、资源等需求问题。当然，合伙人之间因为背景、经历等不同，加之利益诉求分歧，很容易产生纠纷，所以好的合伙人方案设计就显得非常必要。

9.2.1　创业股东合伙人方案设计

对于创业股东合伙人方案设计来说，股权分配、利益分配以及资源价值确定是重中之重。

1．股权分配

股权分配解决的是企业里谁占多少股份的问题，这个问题是合伙人方案设计首先需要面对的问题，并直接影响企业的控制权和合伙人分红等系列核心利益。

解决该问题最简单的方法，是按照出资的多少来决定股权占比。但考虑到在合伙人模式中，出资并不是合伙人唯一的加入方式，合伙更看重的是合伙人的资源、经验、技术等优势，而这些因素很难简单地用资金进行量化评价。更重要的是，在不同的行业里面，资源所贡献的价值也是不一样的，并处于实时的动态变化过程中。所以，要综合考虑人力股、资金股等不同要素的贡献值，做好所有合伙人之间的价值平衡。

2．利益分配

企业步入正轨后，对企业价值贡献度最大的因素逐渐由资金转变为管理等，如果再采用按出资比例分红的模式，会挫伤管理者的积极性。

此外，在传统的股权设计模式中，高级管理人员投资后才能占股分红，这容易造成高级管理人员的流失。

对上述问题，合伙人模式能有效地解决。合伙人模式可以将不同的价值因素都纳入股权设计的考虑范围中，改变了股权设计中的单纯以资金投入作为占股依据的做法，有效体现了人力资源的价值优势。

3．资源价值确定

运用人力股因素所面临的直接问题是如何评价和确定其在合伙人模式中的价值，简而言之，就是如何确认人力股的股数。合伙人价值测定应当是全方位的，即对专业素养、责任风险、创业想法、渠道资源等因素设置不同的权重，通过具体的测算打分，准确测定合伙人的价值。

在瞬息万变的市场中，创业绝非单打独斗，当一群志趣相投又富有才华的创业者聚集在一起时，创业成功的概率才更大。为了让创业成果更持久，创业股东合伙人之间应基于价值共享而分享劳动成果。在设计合伙方案的时候，应当围绕价值贡献度，就投入的资金因素、人力资源因素以及项目的关键成功因素，比较并确认其价值贡献差别，进行股权架构与合伙规则设计。

4. 创业股东合伙人方案设计案例

为体现创业股东合伙人出资、出力、出资源程度评价的合理性，出资比例不能作为创业股东合伙人股权配置的唯一依据。

（1）股权比例分配的方法。企业可大致按照资金、技术、智力等资源的贡献值来进行股权配置，例如资源型股东的持股比例 ≤ 10%、资金型股东的持股比例 ≤ 40%、顾问型股东的持股比例 ≤ 5%、技术型股东的持股比例 ≤ 20%。

（2）股权比例分配具体步骤，示例如下。

①先将企业的股权分为两大类别：资金股（权重为 60%）和人力股（权重为 40%）。

②计算资金股股权在企业中所占的比例，即资金股权重（60%）× 股东出资比例。

③建立虚拟股权绩效评价系统，确定人力股的股权比例。

④计算不同创业股东合伙人应占的股权比例。创业股东合伙人股权比例 = 资金股所占比例 + 人力股所占比例 = 资金股权重（60%）× 某股东出资比例 + 人力股权重 × 某股东出人力的比例。

假设 A、B、C 三人拟合伙创办一个装饰装修公司，A 具备管理经验和资金资源，准备出资 30 万元并担任企业的总经理职务；B 从事家装行业多年，技术娴熟、经验足，手下有几个熟练工人，但只能合计投资 10 万元；C 是 A 的好友，相信 A 的创业眼光，愿意投资 60 万元，但不具备管理能力和技术经验，不参与公司经营。

按照上述合伙人方案设计的标准，经过计算后得出 A 占人力股的比例为 60%，B 占人力股的比例为 40%，那么 A 所占股权比例 = 资金股权重（60%）×A 出资比例（30%）+人力股权重（40%）×A 出人力的比例（60%）=42%。

表 9.2-1 所示为 A、B、C 三人股权比例计算方式。

表 9.2-1　A、B、C 三人股权比例计算方式

股东	定位	参与方式	投资额	资金股占比（按权重 60% 计算）	股东占人力股的比例	人力股占比（按权重 40% 计算）	合计
A	主要负责公司管理	出钱出力	30 万元	18%	60%	24%	42%
B	主要运营团队	出钱出力	10 万元	6%	40%	16%	22%
C	不参与公司运营	出钱	60 万元	36%	0	0	36%

9.2.2　核心人才事业合伙人方案设计

企业采用事业合伙人模式，需要摆脱固有的雇佣制思维，将传统的合同制关系打造为关系更加牢固、利益联系更紧密的合伙关系，让优秀人才从"为创始人打工"变成"为自己打工"。因此，核心人才事业合伙人方案设计的关键在于甄别人才和留住人才。

现实中，万科、永辉超市等企业正是依靠事业合伙人模式，使员工齐心协力谋发展，其他企业想要借鉴这种事业合伙人模式，首先要弄清楚以下问题。

（1）企业应让哪些岗位的哪些人合伙？

（2）如何公平、公正地对岗位进行量化评价？

（3）股东拿出多少股份？

（4）员工投入多少资金、投入哪些资源？

只有将上述问题想清楚弄明白，才能解决股东不敢推进事业合伙人模式、员工不敢投资的难题。

对于具体如何设计核心人才事业合伙人方案，通过以下案例简要对一些关键环节进行论述。

A 公司经过三年的艰苦创业，在 2018 年的时候初具规模，员工由一开始的 5 人成长为 14 人，公司营业规模 1000 万元，创造可分配利润 20 万元。创始团队为了使公司更上一层楼，决定实行合伙人模式。

1. 确定员工具体分工

A 公司主要由管理部门、产品部门、销售部门 3 部门组成，表 9.2-2 所示为 A 公司员工的具体分工。

表 9.2-2　A 公司员工的具体分工

部门	分工	人数
管理部门	高级管理人员	2
	会计、出纳	1
	人力资源专员	2
销售部门	主管	1
	销售专员	4
产品部门	研发人员	2
	采购人员	2

2. 岗位价值评估

A 公司拟从岗位性质、技能要求、工作责任、工作环境等 4 个维度进行岗位价值评估，每个维度又有具体的细化考核项，如技能要求维度分为工作创造性、工作复杂性、沟通能力、专业知识、管理知识等项目，给每个项目赋予一定的分值，设定不同的打分标准。

工作复杂性项目有 5 个因素，实践中可根据各因素的权重确定具体的考核事项和得分。假设其总分为 9 分，分为 5 个考核等级，根据员工的日常表现进行打分。表 9.2-3 所示为工作复杂性项目的评估标准。

表 9.2-3　工作复杂性项目的评估标准

考核项目	定义	等级说明	得分
工作复杂性（9分）	所从事工作的复杂程度	简单、重复性强的劳动	1
		在简单提示下即可完成	3
		需要进行专门训练才能完成	5
		需要多种技能，经常需要独立自主判断才能完成	7
		需要较强的判断力和执行力，需要时常学习各种技能才能满足工作需求	9

企业可首先对岗位价值评估中的一个项目进行专门的量化评分，再结合其他项目的得分，最终确定员工所处的层次，为后续的股权分配等打好基础。

3. 股权分配

在确定了岗位价值之后，A 企业就可以进行事业合伙人的股权份额的分配了。

A 企业在进行股权分配的时候，需要将一定份额的股权留给将来加入的新合伙人，切不可一下子就将所有股权分配完。另外，对合伙人持有的股权需要设置上限，防止股权的过度集中。

4. 先合伙，再合股

事业合伙人模式并不是简单地给予合伙人股份，为了维护 A 企业经营的稳定性，可以采取"先合伙，再合股"的方式，先给予合伙人一定分红权，等合伙人达到一定年限或者完成一定业绩目标之后，再逐步将股权分配给合伙人。

此外，A 企业进行方案设计时也要遵循合伙人模式中的入伙、利益分配、退出等规则。

图 9.2-1 所示为核心人才事业合伙人方案设计方法总结。

图 9.2-1　核心人才事业合伙人方案设计方法总结

核心人才事业合伙人方案的设计是个复杂的工程，如果方案设计不当，极易引起合伙人之间的纷争，反而不利于企业的发展。

9.2.3　生态链合伙人方案设计

从研发、生产到销售、消费，都离不开产业链上下游各类企业的参与，这类企业的痛点集中在供应商管理。特别是电商、零售等企业，如果大量囤积产品，就会占用大量的现金流。而同时，供应商却面临着销路不畅、利润微薄的困难。

通过生态链合伙人模式，利用他人的资金将自己的生产线建立在别人的工厂里，可以实现多赢的局面。在生态链合伙人模式中，合伙人不参与目标企业的经营管理，所以难点在于合伙人之间的权、责、利分配。

以常见的供应商合伙为例，进行方案设计时应当注重合伙人模式定位和合伙利益分配。

A企业是知名的跨境电商，主要从事向非洲出口纺织品的业务，经过几年的发展，企业营业额稳定在一定数额之后增长乏力，计划开拓其他业务市场。

B企业是一家从事低中端手机研发和制造销售的企业，在国内市场饱和的情况下，急需向海外拓展销路。B企业看中A企业的营销模式和销售渠道，欲投资300万元和全部产品跟A企业合作。

1. 明确合伙模式

A、B两企业分属产业链的上下游，在业务上具有很强的互补性，双方合伙时，应当对工厂定位、产品入股、合作模式予以明确。

（1）工厂定位。B企业作为A企业的独家供应商，自带研发中心，保留独立品牌。

（2）产品入股。产品暂不计入前期股份，待销售后再结算。

（3）合作模式。通过成立独立项目入股。

经过A、B企业协商之后，达成以下合伙人模式：双方成立前期项目组，利用A企业的平台进行孵化，待营业额达到1500万元之后，另行成立公司运作；项目前期投资300万元，A企业投资50万元，B企业投资250万元并以产品投资（产品销售额独立计算，不占用前期资金），A企业组建5人团队负责销售运营。项目中，A企业占股30%，B企业占股55%，运营团队占股15%。

2. 确定利益分配规则

上述项目涉及2个企业、3个主体，必须事先约定利益分配规则并签订协议，防止后续产生纠纷。

为了项目的稳定持续运营，A、B 两企业就项目定了不同分红规则。

（1）假定项目运行一年后，项目实现营收 500 万元，可分配利润 100 万元。根据双方商定的分红原则，留下 30% 作为发展资金，拿出 70%，即 70 万元进行分红。B 企业作为工厂先拿 50 万元分红，以便快速收回投资。剩下部分，A 企业与运营团队各分 10 万元。

（2）项目运行到第三年，实现营收 1500 万元，可用于分红的利润为 500 万元。B 企业先分 200 万元，收回投资；A 企业再分 40 万元，收回投资。剩余 260 万元，运营团队分得 30 万元。剩 230 万元按照 30%、55%、15% 的比例进行分配。

（3）A、B 企业均已收回投资并开始盈利，此后的分红均按照 30%、55%、15% 的比例进行。

生态链合伙人模式，有效满足了企业、工厂、人才团队之间的不同需求。在这种模式中，需要注意：应当给予人才团队一定的股权用以激发其积极性；在分配利润的时候，让投入较多资金的企业先收回投资，减少其顾虑，分担其风险。